奋进强国路

任初轩◎编

出版社
北京

图书在版编目（CIP）数据

奋进强国路 / 任初轩编 . -- 北京：人民日报出版社 , 2024. 11. -- ISBN 978-7-5115-8537-0

Ⅰ . D616-53

中国国家版本馆 CIP 数据核字第 2024L1M052 号

书　　名：	奋进强国路
	FENJIN QIANGGUOLU
作　　者：	任初轩
出 版 人：	刘华新
策 划 人：	欧阳辉
责任编辑：	周海燕　马苏娜
装帧设计：	元泰书装
出版发行：	人民日报出版社
社　　址：	北京金台西路 2 号
邮政编码：	100733
发行热线：	（010）65369509　65369512　65363531　65363528
邮购热线：	（010）65369530　65363527
编辑热线：	（010）65369518
网　　址：	www.peopledailypress.com
经　　销：	新华书店
印　　刷：	大厂回族自治县彩虹印刷有限公司
法律顾问：	北京科宇律师事务所　（010）83622312
开　　本：	710mm×1000mm　1/16
字　　数：	195 千字
印　　张：	16.75
版　　次：	2024 年 11 月第 1 版
印　　次：	2025 年 5 月第 2 次印刷
书　　号：	ISBN 978-7-5115-8537-0
定　　价：	58.00 元

如有印装质量问题，请与本社调换，电话（010）65369463

壮阔的行进　光明的前程

——热烈庆祝中华人民共和国成立七十五周年

春华秋实，岁物丰成。今天，我们迎来了中华人民共和国成立 75 周年。走过波澜壮阔的历程，走向无比光明的前程，亿万人民奋进在实现伟大梦想的康庄大道上。

"一唱雄鸡天下白。"1949 年 10 月 1 日，第一面五星红旗在天安门广场升起，中国人民从此站起来了，中国发展从此开启了新纪元。一路披荆斩棘，一路凯歌前行，中国共产党团结带领人民开辟了人类迈向现代化新道路，开创了人类文明新形态，踏上了全面建设社会主义现代化国家新征程。

七十五载发愤图强，中华民族伟大复兴展现出前所未有的光明前景。在筚路蓝缕中奋起，在改革开放中奋进，在新时代大潮中奋楫，我们创造了"两大奇迹"，迎来了从站起来、富起来到

奋进强国路

强起来的伟大飞跃，迎来了从落后时代、赶上时代再到引领时代的伟大跨越。经济总量逾126万亿元，稳居世界第二大经济体，粮食生产"二十连丰"，新质生产力加快形成，"嫦娥"揽月、"天和"驻空、"天问"探火……我国发展具备了更为坚实的物质基础、更为完善的制度保证、更为主动的精神力量。

七十五载艰苦奋斗，人民对美好生活的向往不断变为现实。从温饱不足到总体小康再到全面建成小康社会，我们历史性地解决了绝对贫困问题，实现了小康这个中华民族的千年梦想，建成世界上规模最大的教育体系、社会保障体系、医疗卫生体系，人民生活实现历史性跨越、全方位改善。人均预期寿命提高到78.6岁，居民收入稳步增长，各类保障性住房建设扎实推进……人民群众获得感、幸福感、安全感更加充实、更有保障、更可持续。

七十五载砥砺前行，中国始终是世界和平的建设者、全球发展的贡献者、国际秩序的维护者。从"和平共处五项原则的历史答案"到"构建人类命运共同体这个时代答案"，中国共产党坚持把为人类作出新的更大的贡献作为自己的使命。以落实全球发展倡议、全球安全倡议、全球文明倡议为战略引领，以高质量共建"一带一路"为实践平台……构建人类命运共同体成为引领时代前进的光辉旗帜。

艰难困苦，玉汝于成。75年来我国发展取得的伟大历史性成就，是党和人民一道拼出来、干出来、奋斗出来的。今天的中国，巍然屹立于世界东方，到处都是日新月异的创造。今天的中国人民，更加自信、自立、自强，焕发出空前的历史主动精神、历史创造精神。今天的中华民族，向世界呈现的是一派欣欣向荣的气象，正以不可阻挡的步伐迈向伟大复兴。

方向决定前途，道路决定命运。实践充分证明，中国式现代化走得通、行得稳，是强国建设、民族复兴的唯一正确道路，是中国人民追求美好幸福生活的光明之路，是中国谋求人类进步、世界大同的必由之路。中国共产党领导是中国特色社会主义最本质的特征，是中国特色社会主义制度的最大优势。"两个确立"是新时代引领党和国家事业从胜利走向新的胜利的政治保证，对于我们应对各种风险挑战、推进中国式现代化建设具有决定性意义。

今天，我们比历史上任何时期都更接近、更有信心和能力实现中华民族伟大复兴的目标，同时必须准备付出更为艰巨、更为艰苦的努力。党的二十大对"两步走"战略安排进行宏观展望，擘画了全面建设社会主义现代化国家的宏伟蓝图。党的二十届三中全会对进一步全面深化改革、推进中国式现代化作出系统部署。习近平总书记指出："现在，实现我们确定的基本实现现代化目标只有10年多时间，实现我们确定的全面建成社会主义现代化强

奋进强国路

国目标也只有 20 多年时间。时不我待，催人奋进。"保持道不变、志不改的强大定力，坚定历史自信、增强历史主动，一以贯之、勠力同心，就一定能够战胜前进中的各种艰难险阻，一步一个脚印把战略目标变为现实。

团结就是力量，团结才能胜利。"当前，世界之变、时代之变、历史之变不断向广度和深度延展，我国改革发展稳定任务之艰巨繁重前所未有，迫切需要进一步凝心聚力不断巩固全国各族人民大团结，加强海内外中华儿女大团结。"一路走来，我们党紧紧依靠人民交出了一份又一份载入史册的答卷。面向未来，仍然要依靠人民创造新的历史伟业。新征程上，锚定既定奋斗目标、坚定必胜信心，坚持以人民为中心的发展思想，让中国式现代化建设成果更多更公平惠及全体人民，激发亿万人民的积极性、主动性、创造性，中国式现代化就拥有最可靠、最深厚、最持久的力量源泉。

大道至简，实干为要。"我们都是奋斗者，从过去奋斗到今天，取得这么辉煌的成就。我们未来的目标很明确很伟大，要实现它，还得靠我们继续实干奋斗。"中国式现代化是干出来的，伟大事业都成于实干。推进前无古人的开创性事业，必然会遇到大量从未出现过的全新课题、遭遇各种艰难险阻、经受许多风高浪急甚至惊涛骇浪的重大考验，必须进行具有许多新的历史特点的伟大斗争。新征程上，我们要坚持用好改革开放这个重要法宝，当好中国式现代化建设的坚定行动派、实干家，永葆"闯"的精神、"创"的劲头、"干"的作风，在攻坚克难中成就事业、在敢闯敢干中开辟通途，共同谱写中国式现代化更加壮美的华章。

习近平总书记强调："现在，全党全国人民正在奋力推进中国式现代化，我们要更加团结、更加努力，大家一起加油干，创造新的更大辉煌。"新的历史方位，新的奋斗征程。让我们更加紧密地团结在以习近平同志为核心的党中央周围，全面贯彻习近平新时代中国特色社会主义思想，深刻领悟"两个确立"的决定性意义，增强"四个意识"、坚定"四个自信"、做到"两个维护"，以永不懈怠的精神状态、一往无前的奋斗姿态，凝心聚力、奋发进取，为以中国式现代化全面推进强国建设、民族复兴伟业而团结奋斗。

（《人民日报》2024年10月01日第02版）

目 录

光明之路　正义之路 …………………………………… / 003

今天的中国，明天的中国 ………………………………… / 022

庆祝共和国华诞的最好行动 ……………………………… / 028

在新时代新征程上创造出新的更大辉煌 ………………… / 032

把牢方向，凝聚起团结奋斗的力量 ……………………… / 036

坚定信心，在唯一正确道路上奋勇前进 ………………… / 041

坚守初心，不断实现人民对美好生活的向往 …………… / 046

改革开放，以"中国之制"推进"中国之治" …………… / 050

自立自强，增强志气骨气底气 …………………………… / 055

中国高铁，复兴道路上的亮丽名片 ……………………… / 063

探索浩瀚宇宙　建设航天强国 …………………………… / 068

制造大国加快迈向制造强国 ……………………………… / 075

奋进强国路

建设质量强国　增进生活品质 …………………………… / 082

交通强国建设迈出新步伐 ………………………………… / 088

让互联网更好造福人民 …………………………………… / 094

建设国家水网　绘就世纪画卷 …………………………… / 099

锻造基建实力　擦亮中国名片 …………………………… / 105

乡村全面振兴迈出坚实步伐 ……………………………… / 112

大国粮仓根基稳固 ………………………………………… / 119

向海图强，"蓝色引擎"动力澎湃 ………………………… / 126

普惠金融助力农业现代化 ………………………………… / 133

开放的大门越开越大 ……………………………………… / 139

教育强国建设迈出坚实步伐 ……………………………… / 146

科技强国建设扎实推进 …………………………………… / 153

以"基层善治"夯实"中国之治" …………………………… / 159

法治中国根基不断筑牢 …………………………………… / 166

赓续历史文脉　建设文化强国 …………………………… / 173

文旅增色　幸福感增强 …………………………………… / 180

昂首迈向体育强国 ………………………………………… / 185

目录

织就世界最大医疗保障网 …………………………………… / 191

建设健康中国　保障人民健康 ……………………………… / 198

万里河山更加多姿多彩 ……………………………………… / 205

向绿向新，新型能源体系加快构建 ………………………… / 211

谱写强军兴军新篇章 ………………………………………… / 218

为维护世界和平稳定贡献中国力量 ………………………… / 225

引领开放合作潮流的中坚力量 ……………………………… / 232

为全球治理体系变革完善提供中国方案 …………………… / 239

高质量共建"一带一路"扎实推进 …………………………… / 246

前 言

　　岁月镌刻梦想，奋斗铸就华章。以进一步全面深化改革开辟中国式现代化广阔前景的时代号角已经吹响，我们迎来新中国成立 75 周年。

　　时间是最真实的记录者，也是最伟大的书写者。新中国成立 75 年来，在中国共产党领导下，中国人民发愤图强、艰苦创业，成功开辟了中国特色社会主义道路，创造了"当惊世界殊"的发展成就，我们从一穷二白发展为世界第二大经济体，解决了千百年来困扰中华民族的绝对贫困问题，书写了人类发展史上的伟大传奇。党的十八大以来，以习近平同志为核心的党中央团结带领全党全军全国各族人民接续奋斗、砥砺前行，开创了中国特色社会主义新时代，为中国式现代化提供了更为完善的制度保证、更为坚实的物质基础、更为主动的精神力量。

　　从站起来、富起来到强起来，从落后时代、跟上时代再到引领时代，今天的中国已踏上以中国式现代化全面推进强国建设、民族复兴伟业的新征程。

  2024年是新中国成立75周年。习近平总书记指出："75年来，依靠全体中国人民艰苦奋斗，中国从一穷二白发展为世界第二大经济体，数亿农村贫困人口全部脱贫，创造了人类发展史上的奇迹。"解读新中国75年伟大成就的内在逻辑和深刻启示，为以中国式现代化全面推进强国建设、民族复兴伟业凝聚智慧和力量。

光明之路　正义之路
——写在新中国成立 75 周年之际

任仲平

（一）

走过昨天，新中国沧桑巨变、换了人间；走在今天，新时代日新月异、生机勃发；走向明天，新征程任重道远、前途光明。

实现中华民族伟大复兴是近代以来中国人民的共同梦想。新中国成立不久，我们党就提出建设社会主义现代化国家的目标。

道路决定命运，道路改变命运。

75 年来，新中国从积贫积弱到全面建成小康社会，踏上了全面建设社会主义现代化国家新征程，中华民族迎来了从站起来、富起来到强起来的伟大飞跃，"其根本原因在于我们找到了一条符合中国国情、顺应时代潮流、得到人民群众拥护支持的正确道路，这就是中国特色社会主义"。

奋进强国路

习近平总书记强调："以中国式现代化全面推进强国建设、民族复兴伟业，既是中国人民追求美好幸福生活的光明之路，也是促进世界和平和发展的正义之路。"这一重大论断，蕴含着深刻的历史逻辑、理论逻辑、实践逻辑。

到2035年，基本实现社会主义现代化；到本世纪中叶，全面建成社会主义现代化强国。党的二十大对"两步走"战略安排进行宏观展望，作出重大理论创新——概括提出并深入阐述中国式现代化理论。

围绕党的中心任务谋划和部署改革，党的二十届三中全会《决定》指出："中国式现代化是在改革开放中不断推进的，也必将在改革开放中开辟广阔前景。"

泱泱中华，历史何其悠久，文明何其博大，这是我们的自信之基、力量之源。走过光辉历程，走向光明未来，以团结凝聚力量，以奋斗铸就伟业，共同谱写中国式现代化的壮美华章，我们信心十足、力量十足。

（二）

胸怀梦想的远征，从来不惧千山万水、无畏千难万险。

乌蒙山中，北盘江峡深流急。为了走出大山，这里曾先后架起三座桥梁。

1970年，建起一座吊桥；1990年，吊桥之上架起一条铁板桥；2016年12月，世界第一高桥——北盘江大桥建成通车，天堑自此变通途。

新时代以来，我国相继攻克了特大桥梁、长大隧道、快速成岛、特殊地质公路等方面的世界性难题，摘取了一系列高速公路"世界之最"，中国路、中国桥、中国隧等成为闪亮的"中国名片"。

路的变迁，见证75年来"史诗般的进步"，镌刻着一个古老民族复兴圆梦的坚实足迹。正是沿着中国式现代化道路奋勇前行，我们创造了世所罕见的"两大奇迹"、开辟了民族复兴的光明前景。

路，是物理通道，也是时代印记。

今日中国，港珠澳大桥勇创世界一流，长三角G60科创走廊汇聚创新要素，安徽"量子大道"见证并跑变领跑，新疆和若铁路打造沙漠幸福路，千年丝绸之路焕发新的时代光彩……

向上攀登的路，向前奋进的路，连接起新时代发展的万千气象，编织出美好生活的锦绣画卷；在滚石上山、爬坡过坎中开辟新路，在逢山开路、遇水架桥中筑就通途，新时代的每一天都在抵达新的远方。

党的十八大以来，在新中国成立特别是改革开放以来长期探索和实践基础上，我们党成功推进和拓展了中国式现代化，亿万

奋进强国路

人民焕发出"我们走在大路上"的自信心。

这条举世瞩目的中国道路，为强国建设、民族复兴伟业提供了更为完善的制度保证、更为坚实的物质基础、更为主动的精神力量——

"中国制度"的优势更加彰显。系统完善党的领导制度体系，用"权力清单"和"责任清单"明确政府权力边界，把党和国家工作纳入法治化轨道，运用制度力量应对风险挑战冲击……中国特色社会主义制度优势不断转化为国家治理效能。

"中国发展"的成色更加亮眼。经济总量从2012年的53.9万亿元攀升至2023年的逾126万亿元，制造业总体规模连续14年位居全球第一……既有"量"的跨越，更有"质"的提升，我国迈上更高质量、更有效率、更加公平、更可持续、更为安全的发展之路。

"中国精神"的力量更加澎湃。奥运赛场上为国争光，急难险重时冲锋攻坚，基层一线砥砺磨练，创新前沿领风气之先……从亿万人民投身改革发展的实践中，更能看到中华优秀传统文化的深厚积淀，中国开放包容、昂扬进取的时代风貌，中国人民的志气、骨气和底气。

在这一进程中，我们党坚持"两个结合"，创立了习近平新时代中国特色社会主义思想，为中国式现代化提供了根本遵循。

汽车产业，是公认的最能体现国家制造实力的重要标志之一。新中国成立之初，我们连一辆汽车都不能造。

2023年，我国汽车产销量双双迈上3000万辆台阶，连续15年成为世界第一大汽车生产国与消费国，并跃升为全球最大的汽车出口国。今年前8个月，我国新能源汽车产销量同比分别增长29%和30.9%。

在筚路蓝缕中奋起，在改革开放中奋进，在新时代大潮中奋楫，实践充分证明，中国式现代化是强国建设、民族复兴的康庄大道，必将越走越宽广。

（三）

实现中华民族伟大复兴，道路是最根本的问题。中国式现代化走得通、行得稳，是党领导人民开辟的强国建设、民族复兴唯一正确道路。

100多年前，孙中山先生在《建国方略》中描绘了中国现代化第一份蓝图，其中讲到：修建160万公里公路、约16万公里铁路、3个世界级大海港……

今天，公路纵横，高铁飞驰，中国铁路营业里程突破16万公里，世界前十大港占据七席，中国的现代化程度已远远超出先辈的设想。

"只有我们中国共产党人实现了。"2020年10月，正在广东考察的习近平总书记走进汕头开埠文化陈列馆，在《建国方略》相关规划图前，驻足感慨。

中国共产党为什么能？

指导思想与时俱进。持续推进"两个结合"，中国化时代化马克思主义指引前进方向、提供根本遵循。

历史使命矢志不渝。百余年来，党团结带领人民所进行的一切奋斗，就是为了把我国建设成为现代化强国，实现中华民族伟大复兴。

奋斗目标一以贯之。从第一个五年计划到第十四个五年规划，始终不变的主题都是把我国建设成为社会主义现代化国家。

伟大成就彪炳史册。中国人民成为自己命运的主人，中华民族伟大复兴进入了不可逆转的历史进程，社会主义中国以更加雄伟的身姿屹立于世界东方。

以党的自我革命引领社会革命，在革命性锻造中更加充满活力，中国共产党立志于中华民族千秋伟业，风华正茂。

实践充分证明，党的领导直接关系中国式现代化的根本方向、前途命运、最终成败。只有毫不动摇坚持党的领导，中国式现代化才能前景光明、繁荣兴盛。

光明之路　正义之路

岁月奔流，是光阴的故事，也是光明的故事。

"家家户户用上电灯，绝对是想都不敢想的事。"2015 年 12 月 23 日，青海果洛藏族自治州班玛县果芒村一片欢腾。这一天，果芒村等 3 处通电工程完成验收，全国最后 3.98 万无电人口走上"光明之路"。

至此，无论是雪域高原，还是深山独户，都彻底告别了无电的历史，我国在发展中国家率先实现人人有电用。

放眼全球，这样的壮举，只有中国共产党能做到！

岁月见证变迁，时间给出答案。

强国梦、复兴梦，在中国共产党领导下，梦想才真正被点燃，人们更加充满自信——"我们黄金的世界，光华灿烂的世界，就在前面！"

走过千山万水，仍需跋山涉水。

中国式现代化是人口规模巨大的现代化，将极大地改变现代化的世界版图。习近平总书记深刻指出："我们的现代化既是最难的，也是最伟大的。"

立时代潮头，观历史大势。

致力于为中国人民谋幸福、为中华民族谋复兴，致力于为人类谋进步、为世界谋大同，天下为公，人间正道，这是我们党具有历史自信的最大底气。

把党建设得更加坚强有力,确保中国式现代化劈波斩浪、行稳致远,我们党时刻保持解决大党独有难题的清醒和坚定。

道不变,志不改,勇向前。

(四)

江山就是人民,人民就是江山。中国式现代化致力于全体人民共同富裕、促进人的全面发展,是造福人民的"幸福路"。

千里陇原,大道通衢。2023年11月,甘肃临(夏)大(河家)高速公路建成通车,连接起沿线15个乡镇、28个村,成为当地群众通向美好生活的致富路。

为这条路起笔的,是一次意味深长的互动,是全过程人民民主的一次生动实践。

2019年3月,全国两会。"我们缺乏一条连接外部的高速公路",来自甘肃的董彩云代表提出基层诉求。习近平总书记在会议现场指出,"各部委同志都在,要积极吸收采纳代表建议"。当年,临大高速公路开工建设。

民有所呼,我有所应。枝叶关情,念兹在兹。

今日神州大地,一条条幸福路、团结路、振兴路,生动诠释着"中国式现代化,民生为大"的不懈追求——

大凉山深处，坚固的钢梯铺就悬崖村的全面小康路；重庆"背篓专线"，让菜农"钱袋子"和市民"菜篮子"更好连接；城货下乡、山货进城、电商进村、快递入户，"四好农村路"铺展开广阔乡村的新生活……

"我们的目标很宏伟，也很朴素，归根到底就是让老百姓过上更好的日子。"习近平总书记的话语，道出中国式现代化的根本所在。

现代化的本质是人的现代化。推进中国式现代化，人民是逻辑起点，是价值旨归，更是力量之源。

"完善就业公共服务体系""逐步提高城乡居民基本养老保险基础养老金""满足工薪群体刚性住房需求"……党的二十届三中全会《决定》提出一系列改革举措，聚焦发展所需，回应群众所盼。

中国式现代化的出发点和落脚点是让14亿多中国人民过上更加美好的生活。大大小小的身边事、贴心事、具体事正不断融入国家发展的顶层设计，不断变成人民群众的获得感、幸福感、安全感。

一条大运河，半部华夏史。千年水道的商业文明和跨越时空的文脉传承，滋养和造福两岸百姓。申遗成功十年来，古老大运河焕发出时代新风貌，成为名副其实的"致富河、幸福河"。

奋进强国路

中国式现代化既要物质财富极大丰富，也要精神财富极大丰富、在思想文化上自信自强。从非遗变文创、国潮成时尚，到矿工作家、外卖诗人脱颖而出……中国式现代化赋予中华文明以现代力量，中华民族精神的大厦巍然耸立，亿万人民积极性、主动性、创造性进一步激发。

回信种粮能手，勉励种粮大户"带动广大小农户多种粮、种好粮，一起为国家粮食安全贡献力量"；关心"阳光大姐"家政服务，强调"把这个互利共赢的工作做实做好，办成爱心工程"……习近平总书记对各行各业奋斗者的关心爱护，鼓舞和激励着亿万人民通过奋斗让人生出彩、梦想成真。

中国式现代化是全体人民的共同事业。帮扶干部倾力奉献，以东西部协作促进区域协调发展；大国工匠精益求精，让中国制造闪耀世界；新农人扎根乡野，为古老的土地注入新的活力……坚持共同参与、共同建设、共同享有，定能让全体人民一起迈向现代化。

一个社会的人文精神，往往蕴藏在细节之中。

从上海中心大厦为4000多名建设者设立荣誉之墙，到广东东莞地标建筑亮灯致敬平凡善良的劳动者；从"两弹一星"精神、焦裕禄精神，到脱贫攻坚精神、企业家精神；从共建共治共享的社会治理制度进一步健全，到坚持和发展全过程人民民主……

"人"的利益在实现,"人"的价值被看见,"人"的主体地位得到尊重,推进中国式现代化拥有最强大的底气。

行程万里,人民至上。

(五)

"中国幅员辽阔、人口众多,要想发展振兴,最重要的就是立足国情、走自己的路。"中国式现代化是党团结带领人民坚持独立自主、在长期探索和实践中取得的重大成果。

1909年,京张铁路建成。2019年,京张高铁通车。

一条京张线,一条自主创新路。自主设计修建从零的突破到世界最先进水平,时速从35公里到350公里,正如习近平总书记深刻指出的:"回望百年历史,更觉京张高铁意义重大。"

"新中国成立以后,我们一穷二白,从无到有,引进消化吸收再发展,自力更生艰苦奋斗,搞出一个独立自主的制造业基础。"今年全国两会上,听了孙景南代表讲述见证我国轨道交通从"追赶者"到"领跑者"的奋进历程,习近平总书记深有感触,"这一想啊,真是无比自豪。"

自力更生是中华民族自立于世界民族之林的奋斗基点。历史和现实告诉我们,"推进中国式现代化,必须坚持独立自主、自立自强"。

一部科技革命和产业变革史，也是世界大国的崛起、更替、兴衰史。

习近平总书记深刻揭示历史演进中蕴含的深层逻辑："一个国家是否强大不能单就经济总量大小而定，一个民族是否强盛也不能单凭人口规模、领土幅员多寡而定。近代史上，我国落后挨打的根子之一就是科技落后。"

今天，面对世界新一轮科技革命和产业变革同我国转变发展方式的历史性交汇，"站在世界地图前"的中国共产党人高瞻远瞩、布局落子。

中国式现代化关键在科技现代化。

2024年第一天，国产首艘大型邮轮"爱达·魔都号"开启商业首航，"中国人乘坐自己的大型邮轮出海旅行"梦想成真。

攻克一系列关键核心技术，牵引带动制造、建筑、能源、交通运输等上下游产业发展……我国已同时具备建造航空母舰、大型液化天然气运输船、大型邮轮的能力，集齐造船工业"三大明珠"。

"嫦娥"揽月，"天和"驻空，"天问"探火，"地壳一号"挺进地球深处，"奋斗者"号探秘万米深海，5G通信领跑全球，造更薄的钢、更大的屏、更强的芯片、更优的数控机床；

集成电路、人工智能等新兴产业蓬勃发展，国产大飞机实现商飞，高铁技术树起国际标杆，商业航天、低空经济等加速起飞……

新时代以来，牵住科技创新这个"牛鼻子"，创新动力、发展活力勃发奔涌，新质生产力加快形成，展示出对高质量发展的强劲推动力、支撑力。

"在各种可以预见和难以预见的狂风暴雨、惊涛骇浪中增强我国的生存力、竞争力、发展力、持续力，确保中华民族伟大复兴进程不被迟滞甚至中断"。构建新发展格局，最本质的特征是实现高水平的自立自强。

实践充分证明，独立自主是中华民族精神之魂，是我们立党立国的重要原则。走自己的路，是党的全部理论和实践的立足点。

回首过往，从"现代化的迟到国"到"世界现代化的增长极"，在新一轮科技革命和产业变革的浪潮中，中国人民"弄潮儿向涛头立"，大踏步赶上时代、引领时代，更加坚定在自己选择的道路上昂首阔步走下去，把我国发展进步的命运牢牢掌握在自己手中。

眺望前方，脚踏中华大地，传承中华文明，走符合中国国情的正确道路，党和人民具有无比广阔的时代舞台，具有无比深厚的历史底蕴，具有无比强大的前进定力。

奋进强国路

（六）

以人类前途为怀、以人民福祉为念。习近平总书记指出："读懂中国，关键要读懂中国式现代化。"

"推动构建人类命运共同体"是中国式现代化的本质要求之一。中国是世界上唯一将坚持走和平发展道路写进宪法的国家。

2024年9月，中非合作论坛北京峰会。携手推进现代化，共筑高水平中非命运共同体，中非关系开启新征程。

从蒙内铁路，到莫桑比克马普托跨海大桥，再到喀麦隆克里比深水港、赞比亚下凯富峡水电站……新时代以来，随着高质量共建"一带一路"扎实推进，诸多"发展路""梦想桥""繁荣港"，打通了非洲大陆互联互通的动脉。

聚焦非洲工业化、农业现代化、人才培养等重点领域，从共同实施"十大合作计划""八大行动""九项工程"，到携手推动"十大伙伴行动"……中非命运共同体建设，为构建人类命运共同体树立了光辉典范。以中非现代化助力全球南方现代化，必将谱写构建人类命运共同体的崭新篇章。

2023年10月，中国设计建造的时速350公里雅万高铁开通运营，印尼成为东南亚第一个拥有现代化高铁的国家。截至2024年9月底，累计发送旅客超过540万人次，日均发送旅客约1.6

万人次。

共建"一带一路",汇集着人类共同发展的最大公约数。正如澳大利亚共产党曾发文指出:"随着中国战胜极端贫困,基础设施快速发展,与上百个国家在'一带一路'倡议下开展合作,他们正在展示一条前进的道路,一条充满希望的人类道路。"

站在历史正确的一边、站在人类文明进步的一边,中国追求的不是独善其身的现代化,而是携手共行天下大道,推动构建人类命运共同体。

新中国成立75年来,国家面貌和人民生活发生了翻天覆地的变化,但和平良善的本性、博大包容的胸襟和对公平正义的追求从未改变,它根植于5000多年的中华文明,生长于中国人民的灵魂深处。

新时代以来,实现近1亿农村贫困人口全部脱贫,为全球减贫事业作出了重大贡献;对世界经济增长贡献率多年来保持在30%左右,有力推进了全球发展事业;连续举办进博会、服贸会、消博会,不断以中国新发展为世界提供新机遇……

既造福中国人民,又促进世界各国现代化,中国式现代化是走和平发展道路的现代化,将为维护世界和平、促进共同发展注入新动力。

"中国式现代化让世界受益""中国的发展让我们看到,一个

奋进强国路

国家如何从加工制造业为主体成为以技术创新为导向的产业大国"……前不久，多国议员走进上海崇明东滩鸟类国家级自然保护区、新能源汽车生产基地，对中国成功探索出一条以共同富裕为目标的可持续发展之路感受尤为深刻。

"依靠全体人民的辛勤劳动和创新创造发展壮大自己，通过激发内生动力与和平利用外部资源相结合的方式来实现国家发展"，习近平总书记的重要论断，深刻揭示了中国式现代化的奥秘。

展现出现代化的新图景，代表着人类文明进步的发展方向，中国式现代化开辟的是人类迈向现代化的新道路，开创的是人类文明新形态。

2024年6月，和平共处五项原则发表70周年纪念大会在北京举行。

当年，面对热战的惨痛浩劫和冷战的分裂对峙，新生的中华人民共和国给出了和平共处五项原则的历史答案；而今，面对"建设一个什么样的世界、如何建设这个世界"的重大课题，新时代中国给出了构建人类命运共同体这个时代答案。

从历史答案到时代答案，国际格局在变，不变的是中国对世界和平与发展的担当尽责、对公正合理国际秩序的不懈追求。

乘历史大势而上，走人间正道致远。

（七）

通往国家富强、人民幸福，广袤大地上一条条路正在脚下延伸。

浩瀚的伶仃洋上，深中通道"长桥卧波"，创下10项"全球之最"，印证"中国式现代化是干出来的"；

风光旖旎的长三角，万里铁道延伸"绿色长廊"，交通线变生态线，诠释"中国式现代化是人与自然和谐共生的现代化"；

……

历史的强音，总能穿越遥远时空，产生时代回响。习近平总书记深刻指出："中国式现代化，是我们为如何唤醒'睡狮'、实现民族复兴这个重大历史课题所给出的答案，是选择自己的道路、做自己的事情。"

雄关漫道，从头迈步。我们深知"康庄大道并不等于一马平川""推进中国式现代化是一项全新的事业，前进道路上必然会遇到各种矛盾和风险挑战"。

新的征程，新的进发。尤须锚定既定奋斗目标，增强历史主动，把强国建设、民族复兴伟业不断推向前进。

走自己的路，我们要坚定历史自信。

2019年，在风险挑战加剧的复杂局面下，我国人均GDP突破 1 万美元大关。三年抗疫，我国经济年均增长 4.5%，明显高于世界平均水平。2024 年上半年，5% 的增速在全球范围内仍然保持领先。

习近平总书记指出："什么时候没有困难？一个一个过，年年过、年年好，中华民族 5000 多年来都是这样。爬坡过坎，关键是提振信心。"风雨无阻向前进，无数笃定的脚步，汇聚成排山倒海的伟力。

"中国的发展壮大有内生逻辑，是外部力量阻挡不了的。"这内生逻辑，扎根于中华民族的苦难辉煌，滋养于中国人民的磅礴力量。

走自己的路，我们要始终团结奋斗。

王永志、王振义、李振声……获得"共和国勋章"和国家荣誉称号的功勋模范人物，是千千万万为党和人民事业作出贡献的杰出人士的代表，他们以坚定的理想信念、不懈的奋斗精神，创造出不平凡的成就。

团结奋斗是中国共产党和中国人民最显著的精神标识，是党领导人民创造历史伟业的必由之路。辛勤劳作的农民，埋头苦干的工人，敢闯敢拼的创业者，保家卫国的子弟兵……各行各业的人们都挥洒汗水、一往无前，汇成奋进新征程、建功新时代的壮阔洪流。

新征程上，在党的旗帜下团结成"一块坚硬的钢铁"，亿万人民心往一处想、劲往一处使，就一定能够办成我们想办的任何事情。

走自己的路，我们要善于攻坚克难。

经千难而前赴后继，历万险而锲而不舍，中国人民在列强侵略时顽强抗争，在山河破碎时浴血奋战，在百业待兴时发愤图强，在时代发展时与时俱进。苦难考验了中国人民，也锻炼了中国人民。

我们今天所要创造的复兴伟业，不是风平浪静下的马到成功，不是鲜花掌声中的坐享其成。在机遇面前主动出击，在困难面前迎难而上，在风险面前积极应对，我们定能赢得更加伟大的胜利。

大道如砥，行者无疆。习近平总书记的话语铿锵有力——

"只要道路正确、理论正确、制度正确、文化正确，只要坚定不移、坚韧不拔、坚持不懈、艰苦奋斗，朝着伟大目标持之以恒前进，风雨如磐不动摇，我们的目标就能够达到，我们的目标也一定能够达到！"

（《人民日报》2024年09月30日第04版）

今天的中国,明天的中国

任 平

从历史深处走来,向着民族复兴前行。中华人民共和国即将迎来75周年华诞。

从一穷二白到稳居世界第二大经济体,中国特色社会主义进入了新时代,实现中华民族伟大复兴进入了不可逆转的历史进程。

以大历史观之,今天的中国是"历史中国的延续和发展",在对历史的深入思考中汲取智慧,才能从容走向未来。

以大时代观之,我们所处的新时代,是"在新的考验和挑战中创造光明未来的时代"。

新的历史方位,新的奋斗征程。贯通历史、现在、未来,站在新中国成立75周年历史节点,我们要更好读懂今天的中国、开创明天的中国。

今天的中国,是梦想接连实现的中国,我们力量十足。

今天的中国，明天的中国

为人民谋幸福、为民族谋复兴，初心使命照亮逐梦征程。

"民亦劳止，汔可小康"，《诗经》里的千古吟唱，在新时代变成现实。党带领人民经过接续奋斗，历史性地解决了绝对贫困问题，实现了小康这个千年梦想。

"千里共婵娟"的望月怀想，"嫦娥奔月"的美丽传说，终成"嫦娥"揽月的科技硕果。今年6月，嫦娥六号在人类历史上首次实现月球背面采样返回。

修建160万公里公路、约16万公里铁路……孙中山先生在《建国方略》中描绘了中国现代化第一份蓝图。今天，中国铁路营业里程已突破16万公里，高铁技术树起国际标杆……中国的现代化程度已超越先辈设想。

新时代的中国，每一天都在书写奇迹、创造历史。

拥有伟大梦想精神的中国人民，一棒接着一棒跑，汇聚成昂扬奋进的新时代洪流。

正是在中国式现代化这条康庄大道上，我们把一个个"不可能"变成了"一定能"。

今天的中国，是充满生机活力的中国，我们底气十足。

从京津冀协同到长三角一体化，从长江经济带到黄河流域……党的二十大后，习近平总书记主持召开9场有关区域发展的座谈会，推动构建优势互补、高质量发展的区域经济布局。全

奋进强国路

国统一大市场加快形成、新发展格局加快构建，高质量发展动能强劲。

C919国产大飞机加快商用、造船业新接订单量全球占比超七成，重型燃气轮机、汽车智能芯片等关键核心技术相继突破……拥有全球最完备的产业体系，新质生产力加快发展，创新活力激越澎湃。

粮食生产"二十连丰"，实现谷物基本自给、口粮绝对安全；油气产量当量创历史新高，可再生能源发电装机规模历史性超过火电……端牢粮食和能源两个"饭碗"，掌握发展主动权。

以"中国之制"推进"中国之治"，改革正是全社会活力涌流的奥秘所在。

改革开放是当代中国发展进步的活力之源，是党和人民事业大踏步赶上时代的重要法宝。

今天的中国，是赓续民族精神的中国，我们信心十足。

建设体育强国，推动全民健身，在巴黎奥运会取得境外参赛最好成绩；建设健康中国，推进全民健康，我国人均预期寿命提高到78.6岁……综合国力与民生福祉相生相长，新时代中国力量充分彰显，亿万人民更加自信。

脱贫攻坚精神照亮山乡巨变，探月精神熔铸于勇攀科技高峰，获得"共和国勋章"和国家荣誉称号的功勋模范人物展现忠诚、执着、朴实的精神品格……中华民族精神和时代精神交相辉映，新时代中国精神奋发昂扬，亿万人民更加自立。

从北京冬奥会发出"一起向未来"的时代强音，到讲述中国扶贫故事的电视剧《山海情》热播海外……传承五千多年中华文明，新时代中国形象可信可爱可敬，亿万人民更加自强。

立自力更生的志气、硬自强不息的骨气、长独立自主的底气，中华民族精神的大厦巍然耸立。

习近平总书记深刻指出："泱泱中华，历史何其悠久，文明何其博大，这是我们的自信之基、力量之源。"

今天的中国，是紧密联系世界的中国，我们定力十足。

22个自贸试验区覆盖东西南北中，海南自贸港建设蓬勃兴起，西部陆海新通道通江达海……中国开放的大门越开越大，对外的"磁吸力"日益增强。

从肯尼亚蒙内铁路、印尼雅万高铁等先后通车运营，到阿根廷高查瑞光伏电站项目正式并网发电……高质量共建"一带一路"吸引150多个国家和30多个国际组织参与，汇集着人类共同发展的最大公约数。

中非携手共逐现代化之梦，共筑新时代全天候中非命运共同体，标注下构建人类命运共同体的"全球南方时刻"。

把中国发展置于人类发展的坐标系中，把自身命运与世界各国人民命运紧密相连。

为人类谋进步、为世界谋大同。天下为公,人间正道。

历史雄辩地说明,没有中国共产党就没有新中国,就没有中国人民的幸福生活,就没有中华民族的伟大复兴。

实践充分表明,"两个确立"是新时代引领党和国家事业从胜利走向新的胜利的政治保证,对于我们应对各种风险挑战、推进中国式现代化建设具有决定性意义。

明天的中国,是社会主义现代化强国。

党的二十大对"两步走"战略安排进行宏观展望:"从二〇二〇年到二〇三五年基本实现社会主义现代化;从二〇三五年到本世纪中叶把我国建成富强民主文明和谐美丽的社会主义现代化强国。"

中国式现代化是人口规模巨大的现代化,是全体人民共同富裕的现代化,是物质文明和精神文明相协调的现代化,是人与自然和谐共生的现代化,是走和平发展道路的现代化。围绕中心任务、实现战略目标,我们要用智慧和汗水打拼出一个更加美好的中国。

明天的中国,奋斗创造奇迹。"中国式现代化是干出来的,伟大事业都成于实干。"我们通过奋斗,走过了万水千山;我们还要继续奋斗,创造更加灿烂的辉煌。

明天的中国，力量源于团结。中国式现代化是中国人民追求美好幸福生活的光明之路。在党的旗帜下团结成"一块坚硬的钢铁"，勠力同心、锐意进取，定能创造新的更大奇迹。

明天的中国，希望寄予青年。施展才干的舞台无比广阔，实现梦想的前景无比光明。期待广大青年坚定信仰信念信心，立报国强国大志向、做挺膺担当奋斗者。

历史在砥砺中前行，时代在奋斗中书写。

习近平总书记话语铿锵："中国的昨天已经写在人类的史册上，中国的今天正在亿万人民手中创造，中国的明天必将更加美好。"

（《人民日报》2024年09月29日第01版）

庆祝共和国华诞的最好行动

本报评论员

"我们庆祝共和国华诞的最好行动,就是把这一前无古人的伟大事业不断推向前进。"在庆祝中华人民共和国成立75周年招待会上,习近平总书记深情回顾75年来中国共产党团结带领全国各族人民不懈奋斗取得的伟大成就,对推进中国式现代化作出重大部署、提出明确要求。习近平总书记的重要讲话令人鼓舞、催人奋进,激励亿万人民勠力同心、开拓进取,在新征程上共同谱写人民共和国更加绚丽精彩的新篇章。

历史在砥砺前行中创造,辉煌在接续奋斗中铸就。75年来,从一穷二白到全面小康,从"一辆汽车、一架飞机、一辆坦克、一辆拖拉机都不能造"到稳居世界第二大经济体,从"现代化的迟到国"到"世界现代化的增长极",我们党团结带领全国各族人民创造了经济快速发展和社会长期稳定两大奇迹,书写了中华民族几千年历史上最恢宏的史诗。

自信自强、守正创新。在新中国成立特别是改革开放以来长期探索和实践基础上，经过十八大以来在理论和实践上的创新突破，我们党成功推进和拓展了中国式现代化，创造了新时代中国特色社会主义的伟大成就，为强国建设、民族复兴伟业提供了更为完善的制度保证、更为坚实的物质基础、更为主动的精神力量。

艰难方显勇毅，磨砺始得玉成。全面建设社会主义现代化国家凝结着中国人民的奋斗和汗水。为了这一伟大事业，无数先辈筚路蓝缕、胼手胝足，无数革命先烈和英雄模范牺牲奉献、甚至付出鲜血和生命。今天，中国发生沧海桑田的巨大变化，中华民族迎来了从站起来、富起来到强起来的伟大飞跃，中华民族伟大复兴进入了不可逆转的历史进程。

党的二十大擘画了以中国式现代化全面推进强国建设、民族复兴伟业的宏伟蓝图，党的二十届三中全会吹响了以进一步全面深化改革开辟中国式现代化广阔前景的时代号角。招待会上，习近平总书记着眼于实现新时代新征程党和国家的中心任务，进一步明确了推进中国式现代化的战略要求，强调"必须坚持中国共产党领导""必须坚持中国特色社会主义道路""必须坚持以人民为中心""必须坚持走和平发展道路"。这"四个必须坚持"充分彰显了新时代中国共产党人的战略定力和历史主动，为把中国式现代化这一前无古人的伟大事业不断推向前进提供了遵循。

中国式现代化是强国建设、民族复兴的康庄大道，开辟的是人类迈向现代化的新道路，开创的是人类文明新形态。新征程上，始终坚持党总揽全局、协调各方的领导核心作用，努力以党的自我革命引领伟大社会革命，中国式现代化就一定能前景光明、繁荣兴盛；始终坚定道不变、志不改的决心和意志，毫不动摇走中国特色社会主义道路，就一定能把国家发展进步的命运牢牢掌握在中国人民手中；始终牢记党的根本宗旨和国家性质，努力让全体人民在共同奋斗中共享改革发展成果，中国式现代化就一定能拥有最坚实的根基、最深厚的力量；始终坚定站在历史正确的一边、站在人类文明进步的一边，坚定不移走和平发展道路，就一定能促进世界和平安宁和人类共同进步。

习近平总书记强调："人类共处一个地球，各国人民命运与共。"75年来，中国始终是世界和平的建设者、全球发展的贡献者、国际秩序的维护者。中国追求的不是独善其身的现代化，而是携手共行天下大道。面向未来，始终坚持维护世界和平、促进共同发展的外交政策宗旨，推动构建人类命运共同体，中国必将为实现和平发展、互利合作、共同繁荣的世界现代化注入源源不竭的动力，为建设更加美好的世界作出新的更大贡献。

回望过往的奋斗路，眺望前方的奋进路，中国式现代化已经展开壮美画卷并呈现出无比光明灿烂的前景。有以习近平同志为核心的党中央坚强领导，有习近平新时代中国特色社会主义思想的科学指引，有14亿多中国人民顽强拼搏、团结奋斗，中国式现代化建设一定能披荆斩棘、一往无前，中华民族伟大复兴的梦想一定能变为现实。

（《人民日报》2024年10月01日第02版）

在新时代新征程上创造出新的更大辉煌

本报评论员

"中国发生沧海桑田的巨大变化,中华民族伟大复兴进入了不可逆转的历史进程。"在庆祝中华人民共和国成立75周年招待会上,习近平总书记总结回顾75年来中国共产党团结带领全国各族人民不懈奋斗取得的伟大成就,深刻指出"经过75年的艰苦奋斗,中国式现代化已经展开壮美画卷并呈现出无比光明灿烂的前景",郑重宣示:"我们坚信,创造了五千多年辉煌文明的中华民族,必将在新时代新征程上创造出新的更大辉煌,必将为人类和平和发展的崇高事业作出新的更大贡献!"

七十五载披荆斩棘,七十五载艰苦奋斗。今天,中华民族迎来了从站起来、富起来到强起来的伟大飞跃。14亿多中国人民意气风发、豪情满怀,960多万平方公里祖国大地生机勃发、欣欣向荣,5000多年中华文明光彩夺目、魅力永恒,中国共产党的领导和我国社会主义制度坚强牢固、充满活力。

习近平总书记指出:"前进道路不可能一马平川,必定会有艰难险阻,可能遇到风高浪急甚至惊涛骇浪的重大考验。"推进中国式现代化,是一项前无古人的开创性事业。当前世界百年未有之大变局加速演进,我国发展进入战略机遇和风险挑战并存、不确定难预料因素增多的时期。唯有保持永不懈怠的精神状态和一往无前的奋斗姿态,过了一山再登一峰、跨过一沟再越一壑,才能有效应对风险挑战,在日趋激烈的国际竞争中赢得战略主动,在新征程上作出无负时代、无负历史、无负人民的业绩。

道路决定命运,要始终坚定道不变、志不改的决心和意志。中国式现代化是我们党领导全国各族人民在长期探索和实践中历经千辛万苦、付出巨大代价取得的重大成果。实践充分证明,中国式现代化走得通、行得稳,是强国建设、民族复兴的唯一正确道路,是中国人民追求美好幸福生活的光明之路,是促进世界和平和发展的正义之路。循大道,至万里。坚定中国特色社会主义道路自信、理论自信、制度自信、文化自信,坚定不移沿着这条康庄大道走下去,一以贯之、勠力同心,就一定能让梦想照进现实,不断迈向成功的彼岸。

行百里者半九十,要始终激扬攻坚克难的勇气和韧劲。"遵

奋进强国路

道而行，但到半途须努力；会心不远，要登绝顶莫辞劳"。越是接近民族复兴的目标，越不能懈怠，越要加倍努力。唯有始终锐意进取、敢为人先、迎难而上，积极担当作为、敢于善于斗争，才能胜利推进强国建设、民族复兴的历史伟业。习近平总书记强调："我们要居安思危、未雨绸缪，紧紧依靠全党全军全国各族人民，坚决战胜一切不确定难预料的风险挑战。"只要有愚公移山的志气、坚如磐石的信念、坚韧不拔的毅力，知难而进、知重负重，脚踏实地、稳中求进，任何风浪都动摇不了我们的钢铁意志，任何困难都无法阻挡中国人民前进的步伐！

新的历史需要我们共同开创，要始终凝聚团结奋斗的智慧和力量。团结奋斗是党领导人民创造历史伟业的必由之路。75年来，是"比铁还硬，比钢还强"的团结之力，是"风雨无阻向前进"的共同奋斗，让我们不断爬坡过坎、攻城拔寨，创造了"人心齐，泰山移"的人间奇迹。我们靠团结奋斗创造了辉煌历史，还要靠团结奋斗开辟美好未来。新征程上，在党的旗帜下团结成"一块坚硬的钢铁"，心往一处想、劲往一处使，就没有干不成的事、迈不过的坎，就一定能够共同谱写人民共和国更加绚丽精彩的新篇章。

历史长河波澜壮阔，一代又一代人接续奋斗创造了今天的中国。向着新目标，奋楫再出发。让我们更加紧密地团结在以习近平同志为核心的党中央周围，坚定历史自信，保持战略定力，增强历史主动，当好中国式现代化建设的坚定行动派、实干家，为推进强国建设、民族复兴作出我们这一代人的应有贡献。

（《人民日报》2024年10月02日第01版）

把牢方向,凝聚起团结奋斗的力量
——新中国 75 年伟大成就的启示
本报评论部

坚定维护党中央权威和集中统一领导,充分发挥党总揽全局、协调各方的领导核心作用,这是我们不断从胜利走向胜利的有力保证

在时间的坐标里,两个"16万公里"的故事激动人心。

100多年前,孙中山先生在《实业计划》中提出:"让中国成为拥有10万英里(约16万公里)铁路的现代化强国。"曾经积贫积弱的中国,建铁路、强实业的梦想被外国人视为"空想"。

如今,在新中国成立75周年之际,随着龙龙高铁梅龙段等新线开通运营,中国铁路营业里程突破16万公里。16万公里铁路梦想成真,照进了中国式现代化的发展实际。

从集中力量办大事,只用两年时间就自主建成新中国第一条铁路成渝铁路;到发挥新型举国体制优势,实现中国高铁的自主创新,党的领导始终为中国铁路发展引领航向。一条条铁路穿越时空,映照着东方大国苦难辉煌的复兴之路,展现着中国共产党带领亿万人民创造发展奇迹的恢弘史诗。

办好中国的事情,关键在党。回首共和国的75年,在中国共产党领导下,我们确立了社会主义制度,为当代中国一切发展进步奠定了根本政治前提和制度基础;进行改革开放新的伟大革命,解放和发展社会生产力,大踏步赶上了时代;推动中国特色社会主义进入新时代,党和国家事业取得历史性成就、发生历史性变革。

75年风雷激荡,中华民族迎来了从站起来、富起来到强起来的伟大飞跃,实现中华民族伟大复兴进入了不可逆转的历史进程。事实充分证明:没有中国共产党,就没有新中国,就没有中华民族伟大复兴。习近平总书记深刻指出:"中国共产党领导是中国特色社会主义最本质的特征,是中国特色社会主义制度的最大优势。"

坚持党的全面领导,是坚持和发展中国特色社会主义的必由之路。"中国号"航船破浪前行,体量越大,风浪越大,掌舵领航越重要。今年是实现"十四五"规划目标任务的关键一年,75年来,14个五年规划(计划)串联起东方大国波澜壮阔的现代化历程。放眼全世界,还没有哪个政党像中国共产党这样,从如此

奋进强国路

长远的视角、如此宏大的格局来谋划发展,并推动规划中的决策部署逐一落到实处。有国际观察家总结,"中国所具有的集中力量和长期奋斗的决心是西方国家所缺乏的"。

75年栉风沐雨,我们党总是能够在重大历史关头从战略上认识、分析、判断面临的重大历史课题,制定正确的政治战略策略。历史有力证明:坚定维护党中央权威和集中统一领导,充分发挥党总揽全局、协调各方的领导核心作用,这是我们不断从胜利走向胜利的有力保证。

团结奋斗是中国共产党和中国人民最显著的精神标识。新中国成立以来,在党的坚强领导下,亿万人民汇聚起团结奋斗的强大合力。上世纪50年代,建设人民大会堂,23个省份的200多家工厂提供设备和建材,全国30多万人次参与工地劳动,从动工到竣工,不足一年;2022年北京冬奥会盛大开幕,万人运输、千车组织、秒级调度,外国运动员盛赞"只有中国能够做到"。

75年风雨同舟,从实现摆脱贫困的千年梦想,到取得抗击灾害的伟大胜利,再到贡献无与伦比的奥运盛会,来自人民、为了人民、依靠人民,人民的支持是中国共产党无往不胜的力量之源。不断增强党的政治领导力、思想引领力、群众组织力、社会号召力,全国各族人民紧密团结起来,我们就能汇聚起万众一心、无坚不摧的磅礴力量。

中国共产党具有无比坚强的领导力，是风雨来袭时中国人民最可靠的主心骨。回首来路，一程程披荆斩棘，一次次闯关夺隘。面对一穷二白的困难，激发"宁肯少活20年，拼命也要拿下大油田"的豪气，建设完整国民经济体系；面对"被开除球籍"的危险，拿出"杀出一条血路来"的"气呀、劲呀"，创造当惊世界殊的发展奇迹；面对小院高墙、脱钩断链的挑战，激扬"把中国发展进步的命运牢牢掌握在自己手中"的志气，努力实现高水平自立自强。

75年来，我们党团结带领亿万人民有效应对重大挑战、抵御重大风险、克服重大阻力、解决重大矛盾，不断增强发展的安全性稳定性，不断增强我国的生存力、竞争力、发展力、持续力。

治国必先治党，党兴才能国强。党和人民的事业发展到什么阶段，党的建设就要推进到什么阶段。要完成以中国式现代化全面推进强国建设、民族复兴伟业这一中心任务，就必须时刻保持解决大党独有难题的清醒和坚定，把党建设成为始终走在时代前列、人民衷心拥护、勇于自我革命、经得起各种风浪考验、朝气蓬勃的马克思主义执政党。永葆"赶考"的清醒和坚定，推动新时代党的建设新的伟大工程向纵深发展，我们党一定能以伟大自我革命引领伟大社会革命，推动中国式现代化建设阔步向前。

75年，在人类历史长河中，只是弹指一挥间，但对中国人民

奋进强国路

和中华民族而言，却是沧桑巨变、换了人间。回望历史，在党的领导下，我们创造了一个又一个彪炳史册的人间奇迹。新征程上，更加紧密地团结在以习近平同志为核心的党中央周围，心往一处想、劲往一处使，我们一定能创造新的伟大奇迹。

（《人民日报》2024年09月23日第05版）

坚定信心，在唯一正确道路上奋勇前进
—— 新中国75年伟大成就的启示
本报评论部

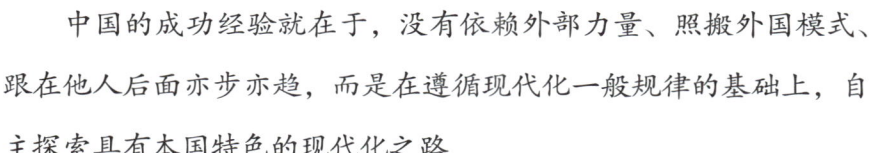

中国的成功经验就在于，没有依赖外部力量、照搬外国模式、跟在他人后面亦步亦趋，而是在遵循现代化一般规律的基础上，自主探索具有本国特色的现代化之路

实现中华民族伟大复兴的康庄大道就在脚下，我们迈出的每一步，都是新的开拓。坚持道不变、志不改，我们一定能抵达梦想的彼岸

过去40多年间，世界贫困版图发生过一次巨变，其中最重要的变量是中国。

按照世界银行标准，中国减贫人口占同期全球减贫人口70%以上。中国提前10年实现联合国2030年可持续发展议程减贫目标，被称为"人类历史上最伟大的事件之一"。

在全球贫困状况依然严峻、一些国家贫富分化加剧的背景下，

奋进强国路

"中国答卷"充分体现了中国特色社会主义制度的优越性，为中国式现代化道路写下生动注脚。

道路决定命运，道路改变命运。75年来，中国发生了翻天覆地的变化，"其根本原因在于我们找到了一条符合中国国情、顺应时代潮流、得到人民群众拥护支持的正确道路，这就是中国特色社会主义"。

在中国这样一个大国，建设现代化国家，道路问题是最根本的问题。强国梦，复兴梦，惟有在中国共产党领导下，梦想才真正被点燃，中国人民才掌握逐梦现代化的历史主动。我们从井冈山的翠林小路走来，从北大荒的空旷原野走来，从深圳湾的凋敝渔村走来，一代接一代探索拼搏，让中国式现代化道路越走越宽广。

新时代以来，习近平总书记围绕中国式现代化发表的一系列重要论述，概括形成中国式现代化的中国特色、本质要求和重大原则，初步构建中国式现代化的理论体系，使中国式现代化更加清晰、更加科学、更加可感可行。我们对中国式现代化内涵和本质的认识进一步深化，推动党和国家事业取得历史性成就、发生历史性变革，为中国式现代化提供了更为完善的制度保证、更为坚实的物质基础、更为主动的精神力量。

一路披荆斩棘，一路破浪前行。从物资匮乏到拥有全球最完整的工业体系，从落后农业国跃升为世界第二大经济体，从温饱不足到小康富裕，作为现代化的后来者，我们仅仅用几十年时间就追赶上来，走完发达国家几百年走过的工业化历程。

中国式现代化道路的震撼性，不仅仅在于发展速度，还在于治理效能。历史上，西方发达国家是一个"串联式"的发展过程，工业化、城镇化、农业现代化、信息化顺序发展。中国发展则是一个"并联式"的过程和状态，我们战胜了更多风险挑战，同时创造了经济快速发展和社会长期稳定两大奇迹。

于"开除球籍"边缘奋起，从"一穷二白"中奋进，我们结合自身实际开创的发展道路，让古老大国实现了从落后时代到赶上时代、引领时代的伟大跨越，让中华民族迎来了从站起来、富起来到强起来的伟大飞跃，充分证明中国式现代化道路不仅走得对、走得通，而且走得稳、走得好。

中国的成功经验就在于，没有依赖外部力量、照搬外国模式、跟在他人后面亦步亦趋，而是在遵循现代化一般规律的基础上，自主探索具有本国特色的现代化之路。中国式现代化道路，不是飞来峰，也不是舶来品，而是扎根中国大地，反映人民意愿，不断适应中国和时代发展进步要求。这种独立自主的探索精神，这种坚持走自己的路的坚定决心，是我们不断从挫折中觉醒、不断从胜利走向胜利的真谛。

奋进强国路

作为一个拥有14亿多人口的大国，推进现代化建设还面临一些风险和挑战，前进的道路不可能一马平川。经济增速放缓、人口老龄化进程加快、城乡和区域发展不平衡等问题交织在一起，加上外部环境的变化，各种"黑天鹅""灰犀牛"事件随时可能发生，但只要路走对了，就不怕遥远，也无惧艰险。

形势纷繁复杂、任务艰巨繁重，但我们有理由自信，也应当自信。在中国式现代化道路上，我们创造了前无古人的发展成就，也能开拓出更加光明的发展前景。事实上，在绿色低碳、数字技术等许多关乎人类发展未来的领域，中国都是重要且不可或缺的参与者、推动者、引领者。中国式现代化创造了人类文明新形态，展现出现代化的新图景，必将对未来世界发展产生深远影响。

什么样的现代化最适合自己，本国人民最有体会，也最有发言权。曾几何时，出国留学就业一度成为风潮。如今，归国就业成为越来越多中国海外学子的选择，近些年还出现了新中国成立以来最大的"归国潮"。为何有此巨变？说到底，就是人们看好国家的发展前景，对中国道路充满自信和向往。人民是推进现代化最坚实的根基、最深厚的力量。得到人民的认同和支持，我们就有了战胜困难、创造奇迹的最大底气。

习近平总书记强调："中国式现代化走得通、行得稳，是强国建设、民族复兴的唯一正确道路。"循大道，至万里。实现中华民族伟大复兴的康庄大道就在脚下,我们迈出的每一步,都是新的开拓。坚持道不变、志不改,我们一定能抵达梦想的彼岸,书写国家发展、民族振兴的动人新篇。

(《人民日报》2024年09月24日第05版)

坚守初心，不断实现人民对美好生活的向往
——新中国 75 年伟大成就的启示

本报评论部

岁月流转，时空更迭，初心始终不变，人民至上是我们党治国理政的出发点、落脚点，也是中国式现代化的根本价值遵循

75 年来，人民不仅见证、分享国家发展的巨大成就，更是强国建设、民族复兴伟业的直接参与者、推动者

一座大桥，见证生活的巨大变化。

湖南湘西土家族苗族自治州德夯大峡谷，两个村子隔峡相望，一个叫"家庭"，一个叫"幸福"。无数年来，从"家庭"到"幸福"，要上下悬崖，费尽周折。矮寨大桥通车后，天堑变通途，"家庭"连"幸福"，村民借势发展起了文旅产业，农产品借助大桥走出深山，两个村子成功脱贫，乡亲们的日子也越过越红火。

一条"专线"，照见发展的价值尺度。

湖北武汉江夏区，J202 路公交每天都会运送百余名菜农进城卖菜。40 多公里、60 座车站、单边行驶 90 分钟，串起沿线 30 多个村落，"菜篮子专线"，连接城乡市场，彰显人文关怀。

"人民对美好生活的向往，就是我们的奋斗目标。"2012 年 11 月，在十八届中共中央政治局常委同中外记者见面会上，习近平总书记的一席话铿锵有力、直抵人心。这是我们党的庄严承诺，折射着"为人民谋幸福"的不变初心，也揭示着新中国辉煌历程的价值指向和力量源泉。

一个国家的国名，往往是这个国家根本性质的集中体现。"人民"二字深深镌刻在新中国的名字上，彰显"人民是共和国的坚实根基"的鲜明立场。岁月流转，时空更迭，初心始终不变，人民至上是我们党治国理政的出发点、落脚点，也是中国式现代化的根本价值遵循。

1949—2024，这 75 年，是中国走向富强、中华民族走向复兴的 75 年，也是人民群众生活发生翻天覆地变化、日子一天更比一天好的 75 年。中国式现代化之路，每个环节、每个方面、每个阶段都紧紧围绕着"人民"这一中心点。

谈及新中国成立初期，建设现代化的艰难，习近平总书记曾感慨："当时，我国一穷二白，连日用的煤油、火柴、铁钉都称为洋油、洋火、洋钉。"75 年砥砺奋进，75 年沧桑巨变。曾经，"楼上楼下，电灯电话"是人们心中的朴素愿望。如今，我国 5G 移

奋进强国路

动电话用户达 9.5 亿户，城镇人均住房建筑面积超过 40 平方米，每百户家用汽车拥有量达 49.7 辆。

告别了物资匮乏，扔掉了各种票证，远离了商品短缺，75 年来，国家发展每前进一步，民生改善就跟进一步。持续改善的人民生活、不断增进的民生福祉，有力宣示"中国式现代化，民生为大"。

中国的发展，最实在的成果普惠人民，最伟大的力量源于人民。75 年来，人民不仅见证、分享国家发展的巨大成就，更是强国建设、民族复兴伟业的直接参与者、推动者。

河南林州，10 万建设大军苦干 10 年，凿出"人工天河"红旗渠；安徽凤阳，小岗村村民的 18 枚"红手印"，揭开农村改革的序幕；河北塞罕坝，几代人接力奋斗，将荒山沙地变成绿水青山，再将绿水青山变成金山银山……

新时代以来，是 25.5 万个驻村工作队、300 多万名第一书记和驻村干部，同近 200 万名乡镇干部和数百万村干部一道奋斗奔忙，助力打赢脱贫攻坚战；是科研人员矢志探索，推动中国空间站遨游太空、"奋斗者"号深潜万米海底、国产大飞机 C919 投入商业运营；是一个个建设者奋斗实干，支撑港珠澳大桥、深中通道建成开通，保障白鹤滩水电站全面投产，托举北京大兴国际机场"凤凰展翅"……

"人民是历史的创造者"。亿万人民艰苦卓绝的努力、胼手胝足的奋斗、埋头苦干的拼搏，共同绘就了美好生活的画卷，共同创造了举世瞩目的成就。回眸75年的壮阔征程，我们更加坚定"共和国的大厦是靠一块块砖垒起来的，人民是真正的英雄"。

"只有坚持以人民为中心的发展思想，坚持发展为了人民、发展依靠人民、发展成果由人民共享，才会有正确的发展观、现代化观。"当前，人民美好生活需要日益广泛，不仅对物质文化生活提出了更高要求，而且在民主、法治、公平、正义、安全、环境等方面的要求日益增长。从就业到增收，从入学到就医，从住房到托幼养老，老百姓关心什么、期盼什么，就重点解决什么、推进什么，将一项项民生期盼变成发展清单，必能让中国式现代化建设成果更多更公平地惠及全体人民。

"故乡在奔跑"。前不久，一位读者在庆祝新中国成立75周年的征文里，回忆家乡变化时发出这样的感叹。着力保障和改善民生，着力解决人民急难愁盼问题，让人民群众生活好上加好，芝麻开花节节高，这是正在发生的历史，这是温暖人心的未来。

（《人民日报》2024年09月25日第05版）

改革开放,以"中国之制"推进"中国之治"
——新中国 75 年伟大成就的启示
本报评论部

改革开放深刻改变了中国的面貌,成为当代中国最显著的特征、最壮丽的气象

葆有"犯其至难而图其至远"的劲头,激扬"越是艰险越向前"的精气神,写好改革的"时代新篇",定能让"中国之制"持续锻造新优势,让"中国之治"不断开启新境界

改革开放是党和人民事业大踏步赶上时代的重要法宝。

一枚印章,浓缩行政审批制度改革的效能。河北雄安新区政务服务中心,800多项政务服务事项"应进必进","一枚印章管到底",高效办成一件事。

一条高铁,见证营造公平竞争市场环境的努力。作为国家混合所有制改革试点和社会资本投资示范项目,杭温高铁不久前开通,民营资本参与重大基础设施建设又添成功案例。

改革开放,以"中国之制"推进"中国之治"

一张单据,记录加快构建新发展格局的实绩。新疆霍尔果斯口岸,一张张面向中亚国家出口汽车的报关单,折射我国全面开放格局加快形成,外贸"朋友圈"越来越大。

今年是新中国成立75周年,全面深化改革的又一个重要年份。从历史深处奔涌而来,向民族复兴澎湃而去,改革开放只有进行时、没有完成时,正在续写"时代新篇"。习近平总书记指出:"改革开放这场中国的第二次革命,不仅深刻改变了中国,也深刻影响了世界!"

75年风雨兼程,75年劈波斩浪,实现从高度集中的计划经济体制到充满活力的社会主义市场经济体制、从封闭半封闭到全方位开放的历史性转变,实现从生产力相对落后的状况到经济总量跃居世界第二的历史性突破,实现人民生活从温饱不足到全面小康的历史性跨越……坚持用好改革开放这个重要法宝,我国取得了"史诗般的进步",创造了世所罕见的"两大奇迹"。

习近平总书记深刻阐明改革和制度建设之间的关系:"中国的改革是中国特色社会主义制度的自我完善和发展。"从面临"被开除球籍的危险"到"平视世界",从"落后时代"到"赶上时代"再到"引领时代",改革开放深刻改变了中国的面貌,成为当代中国最显著的特征、最壮丽的气象。历史和现实充分证明,改革开放是坚持和发展中国特色社会主义、实现中华民族伟大复兴的必由之路。

"小智治事，大智治制"，制度是管根本、管长远的。任何一项改革，都是对制度的调整、治理的创新，最终都要以制度形式固定延续下来。进入新时代，以习近平同志为核心的党中央明确全面深化改革总目标是完善和发展中国特色社会主义制度、推进国家治理体系和治理能力现代化，改革新征程气势如虹、波澜壮阔。

从夯基垒台、立柱架梁到全面推进、积厚成势，再到系统集成、协同高效，许多领域实现历史性变革、系统性重塑、整体性重构。习近平总书记主持召开 70 多次中央深改领导小组和中央深改委会议，党的十八届三中全会确定的目标任务全面推进，各方面共推出 2000 多个改革方案……全面深化改革向广度和深度进军，以"中国之制"推进"中国之治"，进一步解放和发展了社会生产力，激发和增强了社会活力。

制度是否成熟和优越，归根到底要靠治理成效来说话。只有深入制度层面，才能更好把握"中国之治"的奥秘。反贫困、建小康、战疫情、斗洪峰、稳经济、促发展、化危机、应变局……党的十八大以来，我们紧紧依靠、充分发挥中国特色社会主义制度的独特优势，集中力量办大事、办难事、办急事，取得一个又一个胜利。今天的中国，在改革中彰显制度优势，制度优势不断改革开放，以"中国之制"推进"中国之治"

转化为治理效能，有力印证"中国特色社会主义制度是当代中国发展进步的根本保证"。

进一步全面深化改革、高水平对外开放的中国，为各国发展带来新动力、提供新机遇。进博会、服贸会、消博会搭建平台，肯尼亚鲜食牛油果、马达加斯加羊肉产品进入中国市场，中国菌草跨越山海成为"幸福草"；中欧班列通达欧洲25个国家、连接11个亚洲国家，搭起"黄金通道"；在过境免签政策带动下，今年前7个月外国人来华超1700万人次，同比增长129.9%……在历史前进的逻辑中前进，在时代发展的潮流中发展，进一步全面深化改革、推进中国式现代化，给变乱交织的世界注入稳定性、确定性。

风正扬帆，征途如虹。习近平总书记指出："把中国式现代化蓝图变为现实，根本在于进一步全面深化改革，不断完善各方面体制机制，为推进中国式现代化提供制度保障。"完善中国特色社会主义制度是一个动态过程，必然随着实践发展而不断发展。前进道路上，锚定总目标，紧扣推进中国式现代化，葆有"犯其至难而图其至远"的劲头，激扬"越是艰险越向前"的精气神，写好改革的"时代新篇"，定能让"中国之制"持续锻造新优势，让"中国之治"不断开启新境界。

近期，两则消息引发关注：2024年版全国外资准入负面清单

奋进强国路

限制措施由31条减至29条，制造业领域外资准入限制措施实现"清零"；医疗领域扩大开放试点，拟允许在北京等地设立外商独资医院。相关举措，彰显了我国坚定不移深化改革、扩大开放的决心和信心。

实践发展永无止境，改革开放永无止境。胸怀制度自信，书写伟大变革，今天的我们在新征程上满怀豪情再出发，信念无比坚定——"中国式现代化是在改革开放中不断推进的，也必将在改革开放中开辟广阔前景。"

（《人民日报》2024年09月26日第05版）

自立自强,增强志气骨气底气
—— 新中国 75 年伟大成就的启示

本报评论部

党和国家各项事业之所以取得令世界刮目相看的伟大成就,中国式现代化之所以能成功推进和拓展,一个重要原因就在于我们坚持自立自强,不断增强志气、骨气、底气,汇聚起砥砺前行、攻坚克难的强大精神力量

中国人民具有顽强生命力、深厚凝聚力、坚韧忍耐力、巨大创造力,永远是我们风雨无阻、高歌行进的根本力量

体育是一个国家人民体质与精神面貌的写照。旧中国国力孱弱,中国人一度被屈辱地称为"东亚病夫"。从 1959 年容国团在世界乒乓球锦标赛上为新中国夺得首个世界冠军,到 1984 年许海峰在洛杉矶奥运会"射落"第一枚奥运金牌,再到 2022 年北京成为全球首个"双奥之城",一代代中华儿女奋斗自强,昂首

奋进强国路

站上世界舞台。新中国体育事业的跨越式发展、历史性成就，生动诠释了"国运兴则体育兴、国家强则体育强"，也让世界看到中国人民的志气、骨气、底气。

唯有精神上站得住、站得稳，一个民族才能在历史洪流中屹立不倒、挺立潮头。习近平总书记强调："推进中国式现代化，必须坚持独立自主、自立自强，坚持把国家和民族发展放在自己力量的基点上，坚持把我国发展进步的命运牢牢掌握在自己手中。"回首新中国75年来走过的壮阔征程，党和国家各项事业之所以取得令世界刮目相看的伟大成就，中国式现代化之所以能成功推进和拓展，一个重要原因就在于我们坚持自立自强，不断增强志气、骨气、底气，汇聚起砥砺前行、攻坚克难的强大精神力量。

旧中国工业设备落后、产能低下，仅能生产纱、布、火柴、肥皂、面粉等为数不多的产品。新中国成立后，我们用几十年时间走完西方发达国家几百年走过的工业化历程，实现了从"造不了"到"造得出"再到"造得好"的巨变。享誉世界的中国制造、中国建造，震撼人心的中国故事、中国奇迹，正在推进的中国式现代化，不是天上掉下来的，也不是别人恩赐施舍的，而是我们党带领人民一起拼出来、干出来、奋斗出来的！历史有力证明，14亿多人口的大国走向现代化，只能靠我们自己发扬自力更生的精神。立自力更生的志气，一切美好的东西都能够创造出来。

自立自强，增强志气骨气底气

面对外部封锁，创造出"两弹一星"的奇迹，深刻诠释了什么是"把命运牢牢掌握在自己手中"。面对贫困堡垒，组织实施人类历史上规模最大、力度最强的脱贫攻坚战，历史性地解决了绝对贫困问题，充分展现了中国精神、中国力量、中国担当。斗洪峰、抗地震，反贫困、建小康，稳经济、促发展，化危机、应变局……越是有爬坡过坎之难、风急浪高之险、闯关夺隘之艰，越能激发夙兴夜寐之勤、力挽狂澜之智、一往无前之勇，愈加彰显中国人骨子里"千磨万击还坚劲"的韧性、"越是艰险越向前"的品格。实践充分印证，硬自强不息的骨气，就没有战胜不了的艰难险阻，就没有成就不了的宏图大业。

道路决定命运。独特的文化传统、独特的历史命运、独特的国情，注定了中国必然走适合自己特点的发展道路。坚持人民至上，形成促进全体人民共同富裕的一整套思想理念、制度安排、政策举措，让现代化建设成果更多更公平惠及全体人民；注重绿色发展，扎实推进人与自然和谐共生的现代化，生态环境保护发生历史性、转折性、全局性变化；应对逆风逆流，坚定站在历史正确的一边、站在人类文明进步的一边，推动构建人类命运共同体……中国式现代化的成功，是坚持走自己的路的成功，走出了国强民富的康庄大道，创造了人类文明新形态。实践充分证明，长独立自主的底气，才能把我国发展进步的命运牢牢掌握在自己

奋进强国路

手中。

推进中国式现代化,何其艰巨又何其伟大。这样一项前无古人的开创性事业,必然会遇到各种可以预料和难以预料的风险挑战、艰难险阻甚至惊涛骇浪。面对中华民族伟大复兴战略全局和世界百年未有之大变局,志气越强、骨气越硬、底气越足,越有利于形成攻难关、防风险、迎挑战、抗打压的强大合力,战胜前进路上的"拦路虎""绊脚石",跨越复兴途中的"娄山关""腊子口"。新的伟大征程上,我国发展仍具有诸多战略性的有利条件,其中之一就是"有自信自强的精神力量"。

人民是共和国的坚实根基,是中国式现代化的主体。铺展中国发展的画卷,太空遨游、智能迭代、长桥飞渡、巨轮启航,到处都是日新月异的创造。定格中国精神的风采,有祖国至上、为国争光的赤子情怀,有顽强拼搏、自强不息的必胜信念,有团结协作、并肩作战的宝贵品质,有自信乐观、热情友好的阳光气质。从国家功勋人物到时代楷模群体,从工人农民到外卖骑手、网约车司机,每一个人都是追梦人,让点点星火汇聚成炬。中国人民具有顽强生命力、深厚凝聚力、坚韧忍耐力、巨大创造力,永远是我们风雨无阻、高歌行进的根本力量。

征途漫漫,惟有奋斗。以中国式现代化全面推进强国建设、民族复兴伟业,中国人民的前进动力更加强大、奋斗精神更加昂扬、必胜信念更加坚定，焕发出更为强烈的历史自觉和主动精神。激发敢于超越前人、敢于引领时代、敢于创造世界奇迹的豪情壮志，投身中国式现代化的火热实践，我们必将继续在人类的伟大时间历史中创造中华民族的伟大历史时间。

(《人民日报》2024年09月27日第05版)

  人民日报"奋进强国路 阔步新征程"专栏,生动展现新中国成立75年来特别是党的十八大以来,我国各行各业、各个领域的巨大变化,激励广大干部群众更加紧密地团结在以习近平同志为核心的党中央周围,凝心聚力、奋发进取,在推进中国式现代化新征程上谱写更加绚丽的华章。

中国高铁，复兴道路上的亮丽名片

新时代新征程，在中国广袤的大地上，高铁新线不断延伸。

习近平总书记一次次深情点赞："高铁是我国装备制造的一张亮丽的名片""复兴号高速列车迈出从追赶到领跑的关键一步""高铁技术树起国际标杆"。

近日，中国国家铁路集团有限公司传来消息，中国铁路总里程将突破16万公里，高铁里程近4.6万公里，稳居世界第一。"建设16万公里铁路，这个100多年前提出的设想正在新时代走进现实。"中国铁道博物馆副馆长傅梅胜说。

新中国成立75年来，在中国共产党领导下，中国铁路从落后时代、跟上时代再到引领时代，实现历史性跨越。今天，日夜奔驰的复兴号，充分彰显了新时代中国力量、中国精神、中国形象。

奋进强国路

从"两根钢轨"的故事，感受新时代中国力量

在中国铁道科学研究院院史馆前，陈列着由不同轨枕拼接而成的百米铁轨。"从最初的木枕到后来的水泥枕、水泥宽枕，再到现在的整体道床，每种轨枕都是一个时代的缩影，更见证了中国铁路的跨越发展。"铁科院集团公司总经理李学峰说。

在最近开通的多条高铁线上，铺设的是最先进的百米高速重轨。

"要想列车跑得快、跑得稳，钢轨焊缝就得少，要有 100 米长的高速重轨。"国铁集团工电部主任曾宪海说，"从 25 米钢轨到 100 米重轨，靠的是新型举国体制的优势。"

为了攻坚难题，铁科院历经海量试验，确定钢轨最佳技术参数；鞍钢、攀钢、包钢、武钢等国内钢企联合攻关、同时开展试制；产学研多方合作，突破 100 余项国内外专利技术……如今的中国高速重轨，每 1 米平直度误差不超过 3 张 A4 纸厚度，性能达到全球领先。

正是中国力量，让今天的中国铁路网覆盖全国 99% 的 20 万人口以上城市，高铁网覆盖 96% 的 50 万人口以上城市，建成世界最现代化的铁路网和最发达的高铁网，成为现代化中国壮阔征程上的绚丽篇章。

从自主研发的"高铁大脑",感受新时代中国精神

今年 6 月,"复兴号高速列车"荣获国家科学技术进步奖特等奖。一列时速 350 公里的高铁列车大概由 4 万个零部件组成,创新谈何容易!

中国中车首席科学家王军介绍,网络控制系统,被称为"高铁大脑"。我们曾经依赖国外技术,制约了动车组的技术迭代升级。

"把创新主动权、发展主动权牢牢掌握在自己手中。"国铁集团下定决心开展技术攻关:没有测试平台,就自己开发;买不到网络芯片,就自己研制。从技术文件到系统架构,从五花八门的硬件制式到零部件测试、代码调试,历时 5 年,最终成功突破了高速列车网络控制系统关键技术。

如今,这个发达的自主化"大脑",数据传输速度比既有产品提高 60 倍,传输容量提高 100 倍。

正是靠着这种自立自强的中国精神,中国高铁从无到有,从引进、消化、吸收再创新到自主创新,不断刷新中国速度,挺起了中国"脊梁"。复兴号采用的 254 项重要标准中,中国标准占到 84%。

创新永无止境。眼下,在中国中车长春、青岛两个基地的生产线上,新一代复兴号动车组列车——CR450 样车正紧锣密鼓生

产,今年年底将正式下线,可填补世界高铁多项技术空白。

从走出去的"中国高铁",感受新时代中国形象

雅万高铁,中国高铁全系统、全要素、全产业链走出去的"第一单",是中国开放包容的生动范例。

"乘坐雅万高铁,是我最美好的经历之一。"印度尼西亚万隆公务员哈拉卡尔说。"雅万高铁沿线处处都有印尼建设者,像我这样边干边学出来的技术人员很多。"参建德卡鲁尔车站的印尼籍工程师加朗·斯万达鲁说。

雅万高铁建设期间,75% 以上的服务和采购来自印尼当地,累计带动当地 5.1 万人次就业;运营期间,为印尼培养了第一批 160 余名高铁动车组司机等技术人员,有力带动沿线地区打造"雅万高铁经济带",雅万高铁成为当地的致富路、幸福路、放心路。

不只是雅万高铁。中欧班列"连点成线""织线成网",通达欧洲 25 个国家 223 个城市,连接 11 个亚洲国家超过 100 个城市;中老铁路开通以来,全线累计运输货物突破 4300 万吨……中国铁路大步走出去,为世界现代化贡献中国智慧、中国方案,生动诠释了一个负责任大国的胸怀:"世界好,中国才会好;中国好,世界会更好。"

75年波澜壮阔，新时代激流猛进，中国高铁成为民族复兴道路上的亮丽名片。乘着复兴号看中国，处处感受到生机活力："来一场说走就走的旅行！"京沪高铁，全长1318公里，最快4小时18分可达目的地；贵南高铁，串起"多彩贵州"与"秀美广西"，半日即可实现游小七孔、嗍螺蛳粉……

时间的征途，正迈向民族复兴。"奋力拼搏，勇于攀登，再创自主创新的新佳绩。"一列列复兴号澎湃创新动力，重构时空距离，把辽阔的神州大地以前所未有的方式连接起来，织就一幅幅壮美的现代化新画卷。

（本报记者 刘志强 李心萍 《人民日报》2024年09月09日第01版）

探索浩瀚宇宙　建设航天强国

新时代新征程，仰望苍穹，中国人自己的"太空之家"熠熠生辉。

习近平总书记指出："探索浩瀚宇宙，发展航天事业，建设航天强国，是我们不懈追求的航天梦。"

新中国成立75年来，在中国共产党的领导下，中国航天人从蓝图绘梦到奋斗圆梦，走出了一条中国特色自主创新道路，推动航天事业从无到有、从弱到强，实现历史性、高质量、跨越式发展。

作为人类目前在太空仅有的两个空间站之一，中国空间站重量达到百吨级、工作生活空间超过100立方米、综合技术水平位居世界前列，成为"太空中最闪亮的星"，充分彰显着新时代中国智慧、中国志气、中国实力。

太空"筑巢"——
从"小一室"到"大三居"

"每前进的一小步,都是梦想的一大步,中国空间站永远值得期待!"2022年9月2日,当神舟十四号航天员刘洋完成首次出舱时,不禁如此感叹。

2012年,刘洋搭乘神舟九号载人飞船首次飞天,离开"天宫一号"时许下愿望:"我一定会再回来。"时隔10年,刘洋实现了再次"飞天"的梦想。这次"入住",她的感受大不相同。执行神舟十四号任务期间,刘洋和队友们共同迎接了问天舱和梦天舱两座实验舱的到来。当三舱相拥于苍穹,"T"字基本构型稳稳飞行在太空,中国空间站巧夺天工的设计令人惊叹。

科研人员这么比喻:"如果神舟飞船是一辆轿车,那么天宫一号和天宫二号就相当于是一室一厅的房子,中国空间站则像是三室两厅还带储藏间。"无论是首次出征还是多次"飞天"的航天员,都对中国空间站赞不绝口。

航天员聂海胜执行过3次飞行任务,每次都有新的感触和体会,中国空间站给他最直观的感受是:"舒适度不断提升,可靠性越来越高,活动空间变大了,太空食品也越来越丰富。"

"进入空间站后,我的第一个感受就是非常大,很有纵深感;

第二个感受是睡眠区很安静,噪声很小;第三个感受,这是个'景观房'。休息时我都会迫不及待拿起手机,拍一拍窗外的动人景象;最重要的感受是,这里是我们国家的空间科学实验平台,实验机会难得,操作体验珍贵,让我十分自豪……"航天员汤洪波说。

从"小一室"到"大三居",中国空间站充分体现出中国特色和技术进步,是名副其实的"中国智造"。

"跟在别人后面把所有程序都走一遍,那样我们就永远落在后面。"中国载人航天工程首任总设计师王永志院士曾如此形容。

中国载人航天起步就瞄准世界先进水平,努力实现关键技术重大突破,先后突破掌握了天地往返、太空出舱、交会对接等国际航天关键难题;自主研制满足空间站任务需求兼具中国特色的空间站机械臂系统;部组件和核心元器件国产化率达到100%……

从2021年4月底天和核心舱发射开始,仅用不到20个月时间,我国就完成了空间站全面建造,创造了世界航天史上空间站组装建造最快纪录,跑出了中国航天的"加速度"。从无人飞行到载人飞行,从一人一天到多人多天,从舱内实验到出舱活动,从单船飞行到空间站巡天,中国载人航天用30年跨越了发达国家半个世纪的发展历程。

秉持规模适度、安全可靠、技术先进、经济高效的理念,通过中国空间站的设计研制，中国航天走出了一条具有中国特色的载人航天发展道路，标注着中国航天事业的自信与自豪。

制度优势——
数十万名科研人员托举起中国人自己的太空家园

范高洁每次抬头望天，就会想起中国空间站，心头涌起一股暖意，也有许多牵挂。她是中国航天科技集团五院的一名科研人员，所在团队相当于"太空之家"的"大管家"，为空间站的稳定运行提供强大技术支撑。

组合体姿态是否正常、舱内温湿度是否适宜、各系统功能是否正常运行、太空授课信号流不流畅、航天员出舱安不安全……从空间站建造至今，范高洁和同事轮流24小时值守，密切关注着空间站组合体在太空中的"一举一动"。

每逢火箭发射，徐立平是最牵挂航天员的人之一。他是中国航天科技集团四院7416厂航天发动机固体燃料药面整形组组长，参与了保障航天员出征太空时逃逸塔发动机的药面整形工作。精细操作、日复一日，徐立平带领团队与危险性极高的固体推进剂打交道,对逃逸塔发动机的燃料面进行修整。磨刀、铲药、雕刻……他们自主设计制作专用手工整形刀具，始终保持着合格率100%

和安全事故为零的纪录。

110多个科研院所、3000多个科研单位、数十万名科研人员通力协作,托举起中国人自己的太空家园,各战线广大航天人相互支撑、团结奋斗、不甘人后、自立自强的精神,透着新时代的中国志气。

"实施这样宏大的工程,没有党中央集中统揽,没有全国大协作,是不可想象的。"中国载人航天工程总设计师周建平说。在我国航天史上,曾有着"万人会战造神舟"的传奇故事。在空间站建造过程中,"西安和上海的发动机、天津的太阳翼电池片、河南的电连接器、上海的电池、四川的元器件……前一天还在工厂里,第二天就能'飞'到北京的总装车间。"有专家这样形容新型举国体制的优势。

"把每个人的岗位工作做好了,拼起来就是中国航天,就是伟大祖国",神舟飞船首任总设计师戚发轫院士的这句话,始终是年轻航天人的座右铭。建设航天强国要靠一代代人接续奋斗,航天精神赓续传承,发扬光大。

成果转化——
空间应用成果4000余项广泛应用于各行各业

2016年，神舟十一号任务开展，我国首次在太空人工栽培蔬菜。航天员景海鹏在日记中这样写道："当时我和陈冬兄弟都非常高兴，第一时间把这个好消息告诉了地面工作人员。我们拍了很多照片，还跟生菜芽合影留念。"

过了6年，中国航天员首次在太空过中秋，吃上了自己培育的新鲜生菜。航天员蔡旭哲评价："口感很好。"

造船为建站，建站为应用。这是中国太空之家的初心使命。在这个国家空间科学实验室内，一项项空间科学实验有序开展，越来越多的应用成果转移转化成效显著。

小小水稻太空"转一圈"有望实现优质增产，太空黄瓜、太空番茄等蔬菜备受好评，航天育种助力年增产粮食约26亿公斤；围绕航天员在轨生活研发的骨丢失对抗仪等可应用于防止退行性骨质疏松、肌肉萎缩……截至2023年8月，中国空间站安排在轨实施了100多个空间科学研究与应用项目，我国空间应用成果4000余项广泛应用于各行各业。

在强大的航天技术支撑下，空间站里的"天宫课堂"越发精彩。授课空间从天宫实验室、空间站核心舱拓展到空间站问天舱、梦

奋进强国路

天舱，更加宽敞明亮；授课信号更加流畅，数倍于5G网速的"太空宽带"支持天地师生对话；授课方式新颖超前，航天员戴上混合现实眼镜，演示植物样品的采集操作……"飞天梦永不失重，科学梦张力无限"，充满奇思妙想的太空授课，让科学的种子在亿万青少年心里生根发芽，诠释中国人逐梦太空的深刻意义。

以地球摇篮为起点，中国航天人在浩瀚宇宙不断书写用航天梦托举中国梦的壮丽篇章。"北斗"组网、"嫦娥"探月、"天问"探火、"羲和"逐日，中国航天综合实力不断提升，太空探索范围更深更广。

"星空浩瀚无比，探索永无止境，只有不断创新，中华民族才能更好走向未来。"在永无止境的探索中，自立自强、勇毅前行，中国航天事业将不断创造新辉煌，中国人的飞天脚步会迈得更稳更远。

（本报记者 刘诗瑶 《人民日报》（2024年09月10日第04版）

从两根轴承看中国制造转型升级
制造大国加快迈向制造强国

制造业,是立国之本、强国之基。乘"数"而上、向"新"而行,中国制造转型升级步履铿锵。

习近平总书记强调,"任何时候中国都不能缺少制造业""要坚定不移把制造业和实体经济做强做优做大""加快建设制造强国"。

轴承,工业的"关节"。

今年6月,福建漳州六鳌海上风电场,搭载国产主轴轴承的16兆瓦风电机组实现批量化运营、全容量并网。

江苏苏州地铁6号线,搭载国产3米级主轴轴承的"中铁872号"盾构机立下新功。

两根轴承,从无到有、从有到优,折射出新中国成立75年来中国制造从小到大、从大到强的坚实步伐。

拥有全球最完备产业体系,制造业总体规模连续14年位居世界首位,220多种产品产量位居全球第一……中国制造彰显出的坚实底气、创新动能、澎湃活力,为推进中国式现代化提供有力支撑。

从完备产业体系看中国制造坚实底气

习近平总书记强调:"制造业是国家经济命脉所系""我国是个大国,必须发展实体经济,不断推进工业现代化、提高制造业水平"。

洛轴集团是16兆瓦风电机组主轴轴承生产厂家,集团党委书记、董事长王新莹坦言:"10多年前,高端轴承我们还'摸不着',但再难也要啃下这块'硬骨头'。"

"强内功",组建国家重点实验室等创新平台;"借外力",与清华大学等高校院所密切合作。从新能源汽车轴承到风电主轴轴承,再到轨道交通轴承,洛轴新产品接连下线,应用到"嫦娥""天宫""中国天眼"等重大装备之中。

洛轴把"一类产品"做到极致,铁建重工专攻盾构机"一种产品"。

研发主轴承,补上盾构机产业链国产化"最后一块拼图"。

2019 年，铁建重工专门成立研究设计院，历经 1000 多个日夜终于成功研制出 9 米级盾构机主轴承。

"这是全球直径最大、承载最高的盾构机主轴承，可供目前全球最大型号的盾构机使用。"铁建重工首席科学家刘飞香感慨，"过去有什么设备施什么工，现在是需要施什么工，我们就能制造出什么装备。"

两根轴承背后，是中国制造完备产业体系彰显的坚实底气。

1949 年，新中国第一炉铁水在鞍钢奔腾而出，如今，我国已连续 28 年居世界第一产钢大国，"手撕钢"不断刷新世界纪录；1956 年，第一辆解放牌卡车驶下一汽生产线，如今，我国汽车产销量已连续 15 年居全球第一，新能源汽车产销量连续 9 年稳居世界第一。

从"造不了"到"造得出"再到"造得好"，我们用几十年走完发达国家几百年的工业化历程，制造业拥有 31 个大类、179 个中类和 609 个小类，全球产业门类最齐全、产业体系最完整，产业链、供应链韧性和竞争力持续提升。2023 年，制造业增加值占国内生产总值比重 26.2%，占全球比重约 30%。

体魄强健、筋骨壮实，今天的中国制造拥有稳如磐石的根基与底气。

从产业链协同看中国制造创新动能

习近平总书记强调:"制造业的核心就是创新,就是掌握关键核心技术,必须靠自力更生奋斗,靠自主创新争取"。

9米级盾构机主轴承的突破,背后正是一场原材料、工业母机、工程应用等环节共同参与的创新"接力"——

"压不碎、磨不烂",材料首先要够硬。以主轴承内齿圈为例,8毫米厚的圈层,洛氏硬度需大于58,常规中碳轴承钢远无法达标。

怎么办?铁建重工与高校合作,历经2年多时间、30多组试验、上百万次疲劳试验,选出最佳钢材元素配比。多家钢铁企业,历经数十次技术讨论与测试,将配方变成产品。

有了材料,还要精密加工。2020年启动研发、2022年产品下线、国产化率超过90%,铁建重工与合作伙伴共同研制的国产9米高速数控铣齿机床,助力主轴承顺利下线。

16兆瓦风电主轴轴承的研发,同样离不开有关方面的"集团作战"。

"大兆瓦风机主轴轴承,没有相关参考资料。关键时刻,主机厂商金风科技送来各类型风机运行数据,解了'燃眉之急'。"洛轴销售总公司风电部部长姚东感慨,"同舟共济、协同创新,中国制造就有无限可能。"

大中小企业融通创新，产学研各方通力合作，大飞机翱翔蓝天、高速磁浮贴地飞行、国产大型邮轮投入商用……一大批重大标志性创新成果引领中国制造不断攀上新高度。2023年，高技术制造业增加值占规上工业增加值比重为15.7%，比2012年提高6.3个百分点。

推陈致新，升级传统产业；与日俱新，壮大新兴产业；聚焦前沿，布局未来产业……我国因地制宜发展新质生产力，不断塑造发展新动能新优势。目前，战略性新兴产业占国内生产总值比重约13%，全国高新技术企业数量达46.3万家。

以自强不息的精神奋力攀登，今天的中国制造，到处都是日新月异的创造。

从高端化、智能化、绿色化看中国制造澎湃活力

习近平总书记强调，"推动制造业高端化、智能化、绿色化发展。"

全面提升，布局高端，轴承产品持续"上新"：

3月10日，洛轴研制的长白山40米口径射电望远镜轴承通过验收，未来该射电望远镜将为月球探测器精准"引路"。

3月14日，世界首台25兆瓦风电主轴轴承在洛阳轴研科技

顺利下线，刷新全球风电轴承最大单机容量纪录。

产品更高端，生产也要更智能。走进铁建重工长沙第二产业园总装厂房，一个现实车间，一个数字车间，线上线下，实时同步。

"瞧，这是一组盾构机刀盘正面数字孪生画面，深浅不一的颜色代表着刀片的受力、磨损情况。"铁建重工数字孪生研究所副所长王永胜说，实时分析这些数据，工程师可以有针对性地优化下一代产品。

"两根轴承"是一个缩影。持续推动产业优化升级，中国制造硕果累累。

向"微笑曲线"两端攀登。量产动力电池单体能量密度达300瓦时每公斤，处于国际领先水平；晶硅—钙钛矿叠层电池效率达34.6%，屡屡刷新世界纪录；新能源汽车、锂电池、光伏产品"新三样"年出口突破万亿元大关……中国制造加快迈向全球产业中高端。

向"数实融合"深度进军。重点工业企业数字化研发设计工具普及率达80.1%，关键工序数控化率达62.9%，工业互联网实现工业大类全覆盖……产业数字化、数字产业化步伐不断加快。

向"绿色低碳"持续发力。推进绿色低碳改造、构建绿色制造体系、培育壮大绿色产业……"十四五"前两年，规模以上工业单位增加值能耗累计下降6.8%。

瞄准"高科技"、追求"高效能"、迈向"高质量",今天的中国制造,展露新模样,打开新空间,激荡新活力。

"我们将围绕推进新型工业化、发展新质生产力、保持制造业合理比重,把建设制造强国同发展数字经济、产业信息化等有机结合,加快建设以先进制造业为骨干的现代化产业体系。"工业和信息化部党组书记、部长金壮龙表示。

(本报记者 李心萍 王政 丁怡婷 《人民日报》2024年09月11日第03版)

建设质量强国 增进生活品质

当地时间9月10日,第四十七届世界技能大赛在法国里昂开幕,我国派出68名选手,参加全部59个项目的比赛。这是加入世界技能组织以来,我国第七次参加世界技能大赛,此前3届连续位居金牌榜和团体总分第一。

技能是品质的保证。我国选手在世界技能大赛上的亮眼表现,成为质量强国建设的生动缩影。

质量兴则经济兴,质量强则百业强。

习近平总书记指出:"质量是人类生产生活的重要保障。人类社会发展历程中,每一次质量领域变革创新都促进了生产技术进步、增进了人民生活品质。"

新中国成立75年来特别是党的十八大以来,我国质量事业实现跨越式发展,质量强国建设取得历史性成效,中国制造向中国创造转变、中国速度向中国质量转变、中国产品向中国品牌转变不断加快，一批重大技术装备、重大工程、重要消费品、新兴领域高技术产品的质量达到国际先进水平，商贸、旅游、金融、物流等服务质量明显改善，人民群众质量获得感显著增强。

一件羽绒服的"登峰"之旅

1998年5月24日，中国登山队员身穿波司登自主研发的登山服站上珠穆朗玛峰顶。

2019年，波司登设计推出登峰系列，抢占高端羽绒服市场。

国产品牌想进入高端市场，最根本的还是要靠质量说话。江苏常熟波司登智能制造生产工厂厂长赖和东说："一件登峰系列羽绒服要经历489道工序制作而成，使用蓬松度高的顶级鹅绒，配以防风防水高透气面料和航天纳米保温材料，再使用蜂巢立体充绒等技术，可实现31至33摄氏度的恒温体验。"2020年，登峰系列羽绒服获得中国优秀工业设计奖金奖。

新中国成立初期纺织品尚不能自给，经过75年的发展，我国已是世界最大的服装生产国、出口国。我国服装业从"来料加工"到"贴牌生产"再到"品牌经营"，一步步向"微笑曲线"两端攀升。波司登、比音勒芬、凯乐石等国产品牌已经在高端羽绒服市场上

> 奋进强国路

占有一席之地。

品牌建设是攀登全球产业价值链高端的重要基石。

2023年，中共中央、国务院印发的《质量强国建设纲要》强调"着力推动品牌建设"，提出到2025年"中国品牌影响力稳步提升"，到2035年"质量和品牌综合实力达到更高水平"，为推动我国品牌建设取得更大进展提供了路线图。

中国品牌产品已遍布200多个国家和地区。北京理工大学经济学院院长王兆华建议，新征程上，要下大力气增强企业品牌发展能力，打造更多具有广泛影响力的一流品牌，有效提升产品和服务附加值。

一张快递网的全球触角

临近中秋，正是石榴成熟的季节。

"这么装，确定碰不坏？"在云南楚雄彝族自治州永仁县的果园边上，果农周海霞问快递小哥。

"您放心，珍珠棉、泡沫箱与纸箱一体化包装，多重硬核保护。"快递员余畅说。观察他手上的珍珠棉，不仅圆圆的石榴有自己的"格子间"，连石榴上凸起的花萼都有自己的专属小空间。

"行，那这两箱先寄到北京。"周海霞笑着装了两箱又大又红的石榴。

次日傍晚,周海霞在北京读书的女儿收到了来自 2500 多公里之外的幸福快递,每个石榴仿佛刚从果园里摘下。

水果娇嫩,其运输考验快递业的服务品质。保鲜难、运输难、包装难曾困扰石榴外运。为锁住石榴的新鲜美味,快递公司调集快递员驻扎县乡、果园,深入石榴种植基地的"最先一公里",为石榴量身打造包装材料,推动水果原产地与消费市场高效衔接。

目前,我国已建成全球规模最大的邮政快递网,快递业持续快速发展,生鲜冷链、农村寄递、仓配一体等新兴业态不断涌现,自动化、信息化、数智化、绿色化全面加速,快递业务量连续 10 年位居世界第一,服务品质稳步提升。

《质量强国建设纲要》聚焦民生福祉,将"增加优质服务供给"作为现阶段质量强国建设的重点领域,切实解决人民群众关心的服务质量问题,强化质量发展利民惠民。

近年来,我国重点加强教育、医疗、健康、养老、托幼、家政等优质服务供给,加快建立供给充分、服务便捷、质价相符的生活服务新体系。开展生活性服务业标准化建设行动,出台《养老机构服务安全基本规范》等国家标准,推动各地开展服务业"领跑者"企业建设。今年上半年,全国居民人均服务性消费支出同比增长 9.2%,服务零售额同比增长 7.5%。

奋进强国路

质量强国建设以满足人民日益增长的美好生活需要为出发点和落脚点，体现了以人民为中心的发展思想。提升服务业质量，促进高质量发展，让现代化建设成果更多更公平惠及全体人民。

一台盾构机的超强"心脏"

穿山过河，掘土凿岩……在大型工程的隧道施工中，盾构机是公认的"神兵利器"。

保障重大工程质量，离不开高质量的特种装备。2023年10月12日，由我国企业自主研制的直径8.61米盾构机主轴承在湖南长沙下线，这是迄今为止全球直径最大、单体最重、承载最高的整体式盾构机主轴承。

主轴承是盾构机的"心脏"，须经受超重载、大偏载、频变载等极端恶劣工况的考验。"以主轴承的内齿圈为例，它需要一个洛氏硬度大于58、厚度不低于8毫米的圈层，才能承受住超万吨的载荷。"该轴承研发团队制造工艺负责人解金东介绍，轴承钢材料包含20多种配方元素，配比需要精准控制，经历上百万次疲劳试验，数十次技术讨论与测试，才摸索出适用的钢材标准。

为让盾构机有颗强大的"中国心"，国家技术标准创新基地（长株潭）工程机械创新中心、长沙市质量基础设施"一站式"服务中心、长沙市工程机械协会标准技术委员会等质量技术服务平台，建立项目攻关全链条标准体系，共制定主轴承研制标准50余项，贯穿研发设计、原材料、模铸、加工、检验、测试等各个环节，为凝聚产业链上下游合力共同突破技术难题发挥了重要作用。

为加强质量支撑和标准引领，今年初，市场监管总局会同国家发展改革委等部门出台《关于质量基础设施助力产业链供应链质量联动提升的指导意见》，部署开展质量强链工作。31个省（区、市）和新疆生产建设兵团都出台质量强链工作方案，布局推进628个质量强链项目，1564家链主企业、11万家链员企业、2251家赋能机构参与，组建质量技术创新联合体578个。

党的十八大以来，我国经济社会发展取得历史性成就，涌现出载人航天、深海探测、特高压输变电、移动通信等一大批具有世界先进水平的标志性重大工程。这背后离不开计量、标准、检验检测和认证认可等质量基础设施的支撑。

"新形势下，我们将全力以赴做好量子精密测量、质量基础设施数字化转型、智能检验检测等质量基础前沿核心技术攻关，夯实质量强国建设的技术基础，支撑我国从质量大国向质量强国迈进。"中国计量科学研究院原院长方向说。

（本报记者 林丽鹂 《人民日报》2024年09月12日第01版）

从一座桥、一座港、一条路看新时代交通巨变
交通强国建设迈出新步伐

伶仃洋畔，深中通道如卧波长虹，一举创下多项世界纪录，将深圳和中山拉进"半小时生活圈"；

东海之滨，全球第一大港宁波舟山港码头林立、巨轮穿梭，服务贸易往来、跃动发展活力；

金沙江畔，四川阿布洛哈村相继通硬化路、通客车，由"悬崖村"蝶变"幸福村"；

……

"新中国成立以来，几代人逢山开路、遇水架桥，建成了交通大国，正在加快建设交通强国。"习近平总书记指出。

综合立体交通网总里程超过600万公里、铁路营业里程近16万公里、农村公路总里程达460万公里……从中国桥、中国港到中国路，新时代以来，交通运输高质量发展扎实推进，交通强国建设不断加快，交通成为中国式现代化的开路先锋。

一座桥，创下 10 项世界之最

珠江口、伶仃洋，一场客货流"双向奔赴"正在上演：

1 小时，车流量超 7000 车次；1 天，超 12.5 万车次；首周，超 72 万车次；首月，突破 300 万车次……"超级工程"深中通道刚通车，便迎来车水马龙。

超大流量背后是硬核实力。从广东中山市马鞍岛驶上深中通道，世界最高通航净空海中大桥——主跨 1666 米的深中大桥高耸入云；向东，偌大的西人工岛如"鲲鹏展翅"，曾创下快速成岛世界纪录；再前行，全长约 6.8 公里的沉管隧道遁入海底，这是全球最长最宽的钢壳混凝土沉管隧道……历时 7 年建设，这一全长约 24 公里、集"桥、岛、隧、水下互通"于一体的跨海集群工程，攻下多项世界级技术难题，创下 10 项世界之最。

不只是深中通道。2018 年，世界总体跨度最长的跨海大桥——港珠澳大桥建成，"一桥连三地"；眼下，连接广州与东莞的狮子洋通道施工正酣，建成后将成为世界跨径最大双层悬索桥……一座座世界级跨海大桥在粤港澳接连落子，助力世界级大湾区阔步向前。

不只是桥梁。跨越多种地貌，京新高速成为世界上穿越沙漠、戈壁里程最长的高速公路；攻克地质难题，新成昆铁路将成都至昆明通行时间缩短约12个小时；加快智能转型，青岛港自动化码头实现无人化运作……新时代以来，基础设施建设日新月异，综合交通网络规模和质量再上新台阶，覆盖广度和通达深度不断提升。

截至2023年底，铁路营业里程近16万公里，比1949年增长6倍，其中高铁营业里程达4.5万公里，占世界高铁2/3以上；公路里程近544万公里，比1949年增长66倍，其中高速公路里程18.4万公里，稳居世界第一……今天的中国，建成了全球最大的高速铁路网、高速公路网、港口集群，航空航海通达全球，"6轴7廊8通道"的国家综合立体交通网主骨架加快成型。

从"瓶颈制约"到"基本适应"再到"适度超前"，一个突破600万公里的综合交通网，为以中国式现代化全面推进强国建设、民族复兴伟业奠定坚实基础。

一座港，联通200余个国家和地区

帆樯林立，舳舻相接。今年以来，宁波舟山港20个港区马力全开，前8个月完成集装箱吞吐量2612.3万标箱，同比增长8.6%。

港口是基础性、枢纽性设施，是经济发展的重要支撑。如今的宁波舟山港，向外，有300多条集装箱航线连接200余个国家和地区的600多个港口，海上航运贸易网通达全球，向内，与其他交通方式的高效联通也在加速——

8月30日，嘹亮的汽笛响起，一班海铁联运列车满载货物驶出金华南站。经由甬金铁路抵达宁波舟山港后，这些货物将通过海运出口至欧洲。

2023年底，历经7年建设的甬金铁路通车。它途经浙江宁波、绍兴、金华三市，将宁波舟山港和义乌紧密相连，成为"世界小商品之都"商品出海最便捷的通道之一。

"通过甬金铁路进行海铁联运，义乌至宁波舟山港货运里程减少近百公里，运输时效更有保障。"宁波舟山港业务部负责人说。如今，平均每天有3趟班列，搭载上百标箱商品从义乌出发，经铁路至宁波舟山港，再前往全球各地。

与100多个国家和地区建立航线联系，海运连接度世界领先；民航运输总周转量位居世界第二，航线密布通达全球；中欧班列通达欧洲25个国家200多个城市，成为助推区域经贸发展的"钢铁驼队"……多种运输方式高效协同，"全国123出行交通圈"和"全球123快货物流圈"加快形成。今天的中国，平均每天超1.6亿人次跨区域人员出行，约1.5亿吨货物周转，快件最高日处理能力超7亿件……

奋进强国路

人享其行、物畅其流。一个规模巨大、内畅外联的综合交通运输体系，让流动的中国充满活力，为中国经济行稳致远提供了有力保障。

一条路，让"悬崖村"变成"幸福村"

白露时节，大凉山雨雾蒙蒙、凉意阵阵。群山深处，一排排民居错落有致，房前屋后树木葱茏。

"公路通到家门口，村里人底气更足、心气更高了。这5年，我们种脐橙、养山羊、开民宿，全村人均纯收入连年增长，去年达到1.37万元，'悬崖村'变成名副其实的'幸福村'喽！"四川省凉山彝族自治州布拖县阿布洛哈村党支部书记吉列子日说。

当年，在三面环山、一面临崖的阿布洛哈打通公路谈何容易！

步入位于村中心的四川交通扶贫陈列馆，一张照片记录着历史性的一刻：画面里，一架直升机伸出长长的吊索，吊着一台大型挖掘机稳稳飞行。

那是2019年12月31日，三段隧道贯穿悬崖、一架钢桥连接天堑，历时20个月，不足4公里的通村路终于建成。65户村民出村再不用翻山攀崖，10多分钟就能出村，两小时就到县城。至此，我国所有具备条件的建制村全部实现通公路。

"只有在党的领导下，路才会修到阿布洛哈这样偏远的地方，村民们才能实现脱贫致富奔小康的梦想。"吉列子日感慨道。

致富路、幸福路、连心路、振兴路，一条条农村公路，让农民群众获得感、幸福感、安全感不断增强。2014年至2023年，我国新改建农村公路超250万公里，累计解决821个乡镇、7.06万个建制村通硬化路难题。"晴天一身土、雨天一身泥"成为历史，"出门硬化路、抬脚上客车"梦想成真。

中国式现代化是人口规模巨大的现代化。党和政府的一切工作，都是为了老百姓过上更加幸福的生活。从通乡达野的农村公路到低票价、公交化的"慢火车"，从推动城市公交加快覆盖到推进交通设施"无障碍改造"……新时代以来，我国坚持普惠性、保基本、均等化、可持续方向，大力推进城乡基本公共服务均等化，保障城乡居民行有所乘，让人民共享交通发展成果。

"《交通强国建设纲要》印发近5年来，我国交通运输综合实力实现大幅跃升，向人民满意、保障有力、世界前列的目标迈进了一大步。"交通运输部党组书记、部长李小鹏表示，交通系统将埋头苦干、再接再厉，奋力加快建设交通强国，在实现第二个百年奋斗目标新的赶考路上交出优异答卷。

（本报记者 韩鑫 《人民日报》2024年09月13日第03版）

从远程医疗发展看网络强国建设
让互联网更好造福人民

医生在浙江，患者在新疆。一场跨越近5000公里的5G超远程机器人肝脏肿瘤切除手术正在进行。只见医生在机器人手术操作台上，灵活地操控机械臂；手术室中，机械臂收到指令，精准地完成各项手术动作……目前，浙江各医院已完成50余例援疆5G超远程机器人手术。

近年来，远程医疗、数字医疗迅速发展，既为人民群众的健康保驾护航，也是以信息化促进公共服务均等化、助推互联网普惠包容发展的生动写照。

突破关键核心技术，完善信息基础设施

2010年，浙江开始对口支援新疆阿克苏地区和新疆生产建设兵团第一师。从那时起，依托网络通信技术，浙江的医生远程问诊、传输医疗影像等医疗项目纷纷落地。"当时，谈起通过机器人在浙江对新疆的患者进行远程手术，觉得像是天方夜谭。"一位援疆医生回忆。

远程机器人手术的难点和瓶颈在哪？"主要在于通信技术的限制。一般来说，手术中信号延时最多不能超过300毫秒，更不能中断。"浙大邵逸夫医院新疆兵团阿拉尔医院副院长李哲勇说。

近年来，以5G为代表的移动通信等技术快速发展，网络通信基础设施不断完善：截至2023年，我国5G标准必要专利声明量全球占比达42%、5G基站总数达337.7万个、算力总规模位居全球第二……这个全球规模最大、性能最先进的5G网络，让突破时空限制成为可能。

2023年，浙大邵逸夫医院针对新疆患者完成国内首例5G超远程机器人胆囊切除手术。手术操作用的是国内首款运用5G技术实现超远程手术的四臂腔镜机器人，其核心软硬件已全部实现自研自产。

如今，光存储、基础软件、核心元器件等关键共性技术取得

重要成果，一系列信息领域关键核心技术不断突破，信息基础设施愈发完善，更好造福人民。

消除"数字鸿沟"，促进普惠包容发展

前不久，在新疆生产建设兵团第一师阿拉尔市的一条沙漠公路上，一名男子因车祸身体多处骨折，情况危急。很快，离事发地不远处的连队卫生室医生赶到现场。平时缺少急救经验的卫生室医生，担心处置不当影响救治。

怎么办？一个随身携带的工具起了作用。"卫生室医生戴上特制AR（增强现实）眼镜。通过5G移动网络传输信号，后方有丰富急救经验的专家实时观察现场患者情况，给予卫生室医生指导。"浙大邵逸夫医院院长蔡秀军说，"5G+AR远程诊疗系统将高质量医疗向最基层延伸。"

不止新疆，"互联网+医疗"正推动城乡共享优质医疗资源：远程医疗服务网络已覆盖所有市县，并向社区和乡村基层延伸覆盖，全国70%的卫生院已和上级医院建立了远程医疗协作关系。

日趋完善的网络发展和信息化建设，正以前所未有的速度迅速弥合城乡"数字鸿沟"，助力基本公共服务的普惠性、均等化。数字化、信息化已深度融入千家万户的生活场景，赋能千行百业

的生产发展。

信息数据互联互通，释放便民服务红利

"如今，在城里做的检查，回到乡下医院也可以看到结果，真是方便。"慢病患者吐拉甫江十分欣慰。

对区域内慢病患者实行信息共享、检验检测数据互认、规范化同质化的统一管理，阿克苏地区和新疆生产建设兵团第一师在援疆医疗团队的帮助下，逐步构建起"基层首诊、双向转诊、急慢分治、上下联动"的地区、县市、乡镇、村四级慢病管理体系。

同样，信息融合共享，也助推一体化整合型医疗卫生服务体系的健全，让群众就医更及时、更便利、更高质量。

前不久，阿克苏地区一名患者突发急性心梗。接到求助后，携带ECMO（体外膜肺氧合）设备的救护车迅速赶到。经过长途转运，介入手术治疗后，患者脱离危险。"一键呼救、精准调度、协同应急处置的全过程均在浙江与受援地区共同建立的智慧平台完成。"浙江省援疆指挥部干部人才组副组长、阿克苏地区卫生健康委副主任严路介绍。

不止是医疗领域，从"不见面审批"到"一网通办"，从"最

> 奋进强国路

多跑一次"到"一次都不跑",信息互联互通,数据整合融合,让政务服务、公共服务便民程度不断提升,让群众切实享受到信息化带来的数字红利。

(本报记者 金歆 倪弋 《人民日报》2024年09月14日第06版)

从一条数字灌渠看水利现代化
建设国家水网　绘就世纪画卷

国家水网，现代化基础设施体系的重要组成。调水引水、河湖连通、数字赋能，新征程上现代化国家水网建设加速推进。

习近平总书记指出，"坚持节水优先、空间均衡、系统治理、两手发力的治水思路""水网建设起来，会是中华民族在治水历程中又一个世纪画卷，会载入千秋史册"。

灌渠，国家水网的"毛细血管"，粮食安全的基础保障。

金秋时节，鲁西平原上的位山灌区，一渠渠黄河水浇出丰产良田。山东省聊城市后姜村种粮大户王立浩感慨："抗旱夺丰收，数字灌渠顶上了大用。"

从"靠天吃饭"到引水灌溉，再到如今的精细供水，一条灌渠的"智慧升级"，折射出我国水利现代化建设迈出的坚实步伐。

新中国成立75年来特别是党的十八大以来，我国治水事业

奋进强国路

取得历史性成就、发生历史性变革，建成了世界上规模最大、范围最广、受益人口最多的水利基础设施体系，为中国式现代化提供坚实水支撑。

水利建设数字化、网络化、智能化水平不断提升

习近平总书记指出："优化基础设施布局、结构、功能和系统集成，构建现代化基础设施体系。"

三干渠是位山灌区骨干渠道，全长78.6公里，上接总干渠，下连24条跨乡镇分干渠，灌溉面积280万亩。智能高清摄像头"守护"渠道两边，三干渠的工情、水情等信息实时掌握。"过去是土渠，灌溉水走一路漏一路。如今，数据存入云端，经过三维仿真构建，三干渠'装'进了计算机里，灌溉效率大幅提高。"位山灌区管理服务中心信息化科副科长梁以昌轻点鼠标，渠水按照指令输送。

土渠变"云"渠，调水、配水、输水精准高效。用上全自动轨道（缆道）测流系统，测流时间节省超50%，测流精度提高3%。今年夏灌，大模型生成旱情分析报告15套，帮助供水直达受旱区域。

数字孪生技术在位山灌区落地生根。"沿渠敷设光缆247公里，覆盖骨干渠道全线；建成11处大型节制闸远程控制系统、1182

处水情监测站点，数字化改造升级，让灌区现代化管理水平迈上新台阶。"位山灌区管理服务中心主任江崇海说。

一条渠见证水利之变。从"凭经验放水"到"按数据供水"，背后是水利建设数字化、网络化、智能化水平不断提升。

党的十八大以来，我国开工建设一批重大水利工程，加快大中型灌区现代化建设改造，推进农村供水高质量发展。2023年我国耕地灌溉面积10.75亿亩，比1952年增长2.6倍，累计建成大中型灌区7300多处，建成泵站、机井、塘坝等各类小型农田水利工程2200多万处，农村自来水普及率达90%。

千年灌区都江堰，调水配水全流程线上操作，水源"一键直达"；数字孪生南水北调中线一期工程1.0版建成应用，水质指标实现实时监测预警。

水利工程建设全面提速，全国水利建设投资连续两年迈上万亿元台阶，日益完善的现代化水利基础设施体系，助力经济社会高质量发展。

严格落实以水定城、以水定地、以水定人、以水定产

习近平总书记指出："坚持量水而行、节水优先""大力推进农业、工业、城镇等领域节水"。

奋进强国路

黄河水沿着三干渠一路向前,到达离位山闸 110 公里外的临清市金郝庄镇周庄村。渠旁的玉米地里,村民王玉宝细数节水"神器":田间每隔 50 米设置"泵站+管灌"小型智能灌溉设施,浇地刷卡,"自来水"不再哗哗淌。

节水账带出增收账。王玉宝掰着指头算:"用上管灌,水、电、人工等成本每亩节省二三十元,我托管了 1100 多亩地,一下省出 2 万多元。"

田头,智慧节水。位山灌区 90 多万亩农田实现射频刷卡灌溉,管灌、喷灌等节水技术不断推广,末级供水管理示范区亩均用水量由原来的 170 立方米降到 140 立方米。

田头到源头,全程节水。"三干渠全段衬砌,硬化加固,防渗防漏。一道道分水闸,就像一个个'水龙头',控水精度达到毫米级。"位山灌区管理服务中心副主任温培明介绍,位山灌区投资 22.52 亿元持续开展续建配套改造、引黄农业节水工程等。

农业是用水大户。在位山灌区,从推动农业节水灌溉,到灌区节水改造,再到深化农业水价综合改革,黄河水用在了"刀刃"上。

一条渠见证用水之变。从大水漫灌到精细灌溉,背后是绿色发展理念落地生根,是我国水资源利用方式实现深层次变革。

新时代以来,各地区各部门强化用水总量强度双控,严格落实以水定城、以水定地、以水定人、以水定产，持续推进农业节水增效、工业节水减排、城镇节水降损。与 2014 年相比，2023 年我国万元国内生产总值用水量、万元工业增加值用水量分别下降 41.7%、55.1%。

国家水网守安澜、保供水、润良田、护生态

习近平总书记指出："加快构建国家水网主骨架和大动脉，为全面建设社会主义现代化国家提供有力的水安全保障。"

三干渠的渠系下游末端，聊城市冠县兰沃乡石家寨村引来了黄河水。"过去离得远，水量小，如今建起了泵站，加压提水，浇地不用愁。"石家寨村村民王之富说。

通渠系，建泵站，黄河水沿着田间"毛细血管"，来到石家寨村的农田，小农户连上大水网。

位山灌区也在全力接入国家水网。推进位山闸改建，加固主干渠道，疏通末端渠系……灌区累计衬砌渠道 500 多公里，配套各类建筑物近 2000 座，蓄、引、提、灌、调有机配合，工程调控能力显著增强。

打通大动脉、畅通微循环。党的十八大以来，一批跨流域、跨区域重大引调水工程建成，南水北调、引江济淮、引汉济渭、

> 奋进强国路

引洮供水工程发挥效益，国家水网主骨架和大动脉加快完善，国家水网骨干工程建设不断推进，省、市、县级水网规划建设统筹推进。

一张系统完备、循环畅通的国家水网加快构建，守安澜、保供水、润良田、护生态。全国水利工程供水能力从2012年的7000亿立方米提高到如今的超9000亿立方米，水资源配置格局实现全局性优化。

"我们将锚定全面提升国家水安全保障能力总体目标，统筹水灾害、水资源、水生态、水环境治理，扎实推动水利高质量发展，为以中国式现代化全面推进强国建设、民族复兴伟业提供有力的水安全保障。"水利部有关负责人表示。

（本报记者 王浩 李晓晴 《人民日报》2024年09月15日第04版）

从白鹤滩水电站看现代化基础设施体系建设
锻造基建实力　擦亮中国名片

基础设施是经济社会发展的重要支撑。习近平总书记强调："优化基础设施布局、结构、功能和发展模式，构建现代化基础设施体系，为全面建设社会主义现代化国家打下坚实基础"。

新中国成立 75 年来特别是党的十八大以来，基础设施建设成就举世瞩目。看国内，南水北调、西气东输等重大工程稳步推进，京张高铁开通运营，鄂州花湖国际机场正式通航，全国性水利、交通、能源等基础设施网络体系不断完善；看国外，雅万高铁、中老铁路、匈塞铁路等一批国际合作项目成果不断，中国基建成为亮眼名片。

高峡出平湖，白鹤舞金沙；大坝江中起，绿电进万家。今年 7 月 31 日，由白鹤滩等 6 座梯级水电站构成的世界最大清洁能源走廊顶峰保供，高峰出力超过 7000 万千瓦，创历史新高。其中，

奋进强国路

白鹤滩水电站出力达 1600 万千瓦，实现满发运行。

从上世纪 50 年代勘探规划到全面建成，白鹤滩水电站见证了新中国能源基础设施从弱到强、再到领跑的不凡历程，也成为我国持续构建现代化基础设施体系的生动缩影。

布局更均衡

一滴水，能发几次电？在世界最大清洁能源走廊，答案是 6 次。

崇山峻岭间，长江奔涌不息，依次经过乌东德、白鹤滩、溪洛渡、向家坝、三峡、葛洲坝 6 座梯级水电站。1800 公里的跨越、900 多米的落差，6 座水电站连珠成串，长江黄金水道成为清洁能源走廊。

进入白鹤滩水电站庞大的地下洞室群，只见机房里，8 个巨大的圆柱状物体排成一排。"大坝右岸、左岸分别安装了 8 台百万千瓦水轮发电机组。"三峡集团安全生产部副主任康永林介绍，每台机组按额定功率发电，运转一个小时能发出 100 万千瓦时的电，可满足 400 个普通家庭约 1 年的用电。

强劲电能，也如滚滚长江水由西向东。白鹤滩水电站为加强管网互联互通、提升"西电东送"能力添上关键一笔，给华东地区提供了源源不断的清洁电能。截至今年 3 月底，白鹤滩水电站累计发电超 1200 亿千瓦时，相当于减少标煤消耗量超 3600 万吨。

2022 年 4 月 26 日，习近平总书记主持召开中央财经委员会第十一次会议，对全面加强基础设施建设作出重要战略部署。会议强调："统筹各类基础设施布局，实现互联互通、共建共享、协调联动。"

克服温差达 30 摄氏度的气候环境，西藏墨脱公路通车，我国实现县县通公路；为了"一泓清水永续北上"，南水北调中线一期工程正式通水；算力网络覆盖"东数西算"全部枢纽节点，夯实发展的"数字底座"……

在实干中前进，在创新中攀登。回眸 75 年，基础设施布局更加均衡，神州大地日新月异。

结构更合理

入秋后，位于江苏苏州常熟市的波司登羽绒服装有限公司，迎来销量爆发期。生产车间内，工人正在赶制一批销往欧洲的新品。

波司登羽绒服装有限公司相关负责人告诉记者："一些海外客户把绿色指标列入供应商评价体系，使用水电让我们的指标更亮眼，客户采购意愿更强，企业也得以建成更高标准的'近零碳'工厂。"

高标准工厂的发展动能之一,源自高标准建设的白鹤滩水电站。

位于四川德阳的白鹤滩左岸机组生产厂家东方电机的研发中心里,20多个单机容量百万千瓦的水电机组转轮模型依次摆放。"转轮是机组的关键部件,为高品质研发建设,我们先后研制了20多个模型,转轮最优效率达到96.7%。"东方电机研发中心高级工程师王钊宁说,在白鹤滩水电站机组的研制过程中,企业累计申报专利42项。

近年来,高铁、高速公路、特高压输电线路、5G网络快速发展,高标准高品质基础设施比例不断提高。以沙漠、戈壁、荒漠地区为重点的清洁能源基地加快建设,新能源装机和发电量比重不断提升,有力促进碳达峰碳中和目标实现。基础性网络不断拓展,农村公路持续增加,农村供电网络持续优化。

传统基础设施水平提升,新型基础设施建设加快,传统与新型基础设施融合加速。随着基础设施结构更加合理,多个领域建设亮点纷呈。

功能更丰富

基础设施建设要注重效益,既要算经济账,又要算综合账。一座白鹤滩水电站,总投资 2200 亿元,总工期长达 12 年。投运 3 年多来,综合效益如何?

川滇交界,随着白鹤滩水电站的服务功能逐渐体现,当地的变化正悄然发生。

位于金沙江畔的云南省巧家县,2021 年,5 万多名库区移民迁入新居。如今这里风光旖旎,"山、水、城、人"交融的画卷徐徐展开。

产业发展向好。高峡平湖,蓝天碧水,吸引不少游客来七里漂浮码头"打卡"。在码头经营商铺的库区移民王良浩说,收入比搬家前翻了一倍。据统计,2022 年以来,巧家县已累计接待游客 447.8 万人次,实现旅游收入 31 亿元。

社会效益增强。三峡集团从水电站发电收入中提取一定比例专项资金,用于金沙江库区移民后续帮扶工作,当地教育、医疗等保障能力不断提升。三峡集团移民办白鹤滩项目部主任郭建忠介绍,聚焦教育、医疗、产业和就业工作,3 年来为巧家县提供水电基金 2000 余万元,带动就业 400 余人。

生态环境优化。水电站蓄水后,巧家县空气湿度增加,为当地的干热河谷气候注入清凉。随着水电站库区沿岸岸线保护治理不断推进，滨江岸线打造生态廊道及景观公园，附近居民休闲散步有了更多好去处。

能源基础设施的功能，已不再局限于能源保障。同样，基础设施的功能丰富，也不只局限于能源领域。

通达的"四好农村路"，既拉动就业，又带动产业、助农增收；中小河流治理，既加固防洪体系，又清理生态河道、保护环境；老旧破损管网整治，既补齐环保短板，又利于用水安全、改善民生……一本本经济账、社会账、生态账、安全账，满满写着的，都是厚重的考量。

发展模式更多元

滚滚江水流经白鹤滩，为发展不断蓄能。来自全国的资金活水，也在助力这座大国重器的建设发展。

今年4月，三峡集团完成20亿元碳中和绿色中期票据发行。时隔20年，三峡集团再次在国内资本市场进行30年超长期限债券融资，募集资金拟全部用于乌东德、白鹤滩水电站项目存量债务置换，取得了超过5.4倍的认购倍数。截至8月末，集团累计通过资本市场发行的各类创新债券募集超400亿元，用于白鹤滩项目建设与债务置换。

党的二十届三中全会《决定》提出,"拓宽多元化投融资渠道,健全重大基础设施建设协调机制。"

基础设施项目具有投资周期长、资金需求大、产业链条长等特点。为更好更快撬动金融资源,多元化支持基础设施建设的举措持续推进。

引入民营资本,调动社会力量。搭建全国重点民间投资项目库,建立政府和社会资本合作新机制政策体系,民营资本成为扩大有效投资、稳经济的重要力量。

盘活存量资产,带动增量投资。基础设施领域不动产投资信托基金从试点阶段迈入常态化发行。截至目前,已有 44 个基础设施 REITs 项目发行上市,共发售基金 1285 亿元,可带动新项目总投资超过 6400 亿元。

七十五载奋进,构建现代化基础设施体系步伐铿锵,高质量发展的支撑越来越有力。

(本报记者 林琳 林子夜 《人民日报》2024 年 09 月 16 日第 01 版)

一根甘蔗折射农业农村现代化新进展
乡村全面振兴迈出坚实步伐

田成方、蔗成行、渠相通、路相连，广西来宾市国家现代农业产业园黄安优质"双高"糖料蔗基地里，一株株甘蔗正在拔节。种苗良种化，全程机械化，水肥一体化，"甜蜜的事业"充满新希望。

习近平总书记指出："推进中国式现代化，必须坚持不懈夯实农业基础，推进乡村全面振兴""锚定建设农业强国目标，把推进乡村全面振兴作为新时代新征程'三农'工作的总抓手"。

甘蔗产业全链开花，蔗农日子越过越甜，折射出我国农业农村现代化建设取得新进展，乡村全面振兴迈出坚实步伐。

新中国成立75年来，我国农业发展呈现出翻天覆地的巨大变化，实现了举世瞩目的跨越发展。特别是党的十八大以来，以习近平同志为核心的党中央坚持把解决好"三农"问题作为全党工作的重中之重，坚持农业农村优先发展，加快推进农业强国建设,一幅幅乡村全面振兴的壮美图景徐徐铺展。

从"会种蔗"到"慧种蔗"
农业现代化综合实力不断增强

强国必先强农,农强方能国强。

习近平总书记强调:"坚持产业兴农、质量兴农、绿色兴农,把农业建设成为大产业"。

广西崇左市新和镇庆合村的甘蔗林里,甘蔗已长至3米来高,远远望去仿佛一片大蔗海。每两行甘蔗之间,分支滴灌带细密分布,随着肥水缓缓滴出,水分和营养直达作物根系。

水肥一体化控制车间内,种植大户劳钟运正用手机操作"一键式"灌溉。"有了这套系统,别看小蔗田变成大蔗海,种蔗依然很轻松。两个人能管理3000亩蔗地,亩产增加1吨,还能节约两成肥料、三成水。"

不只在庆合村,今年崇左市共建成甘蔗水肥一体化示范基地16.67万亩,建设数据控制系统25个,物联网、北斗定位、遥感等现代信息技术广泛应用于蔗田测量及甘蔗生产各环节……越来越多的农民从"会种蔗"到"慧种蔗",见证了我国农业现代化的综合实力。

奋进强国路

广西甘蔗、延安苹果、赣南脐橙、枣庄石榴……新时代以来，各地锚定建设农业强国目标，依托特色资源，把乡村资源、生态、文化优势转化为产品、产业优势，一个个乡村产业茁壮成长。

产业兴农，越来越多的特色农产品驶上产业化"快车道"。2017年以来，农业农村部、财政部批准建设350个国家现代农业产业园，带动地方建设8000多个省市县产业园，成为推动农业高质量发展的新引擎。

质量兴农，科技成色更亮眼。我国农业科技进步贡献率由2012年的54.5%提升至2023年的63%，建立了全球最完整的农业科技创新体系，农业科技创新整体水平已进入世界第一方阵。新技术与农业生产深度融合，"金扁担"含金量越来越高。

绿色兴农，促进农业发展全面绿色转型。以绿色发展引领乡村全面振兴是一场深刻革命。"十四五"时期，我国出台首部农业绿色发展专项规划，实施农业生产"三品一标"提升行动，化肥农药使用量实现双减。到去年底，绿色、有机、名特优新和地理标志农产品认证登记总数达7.5万个。

绿色产品多起来，产业结构优起来，农业高质量发展的底色越来越亮。

从小生产到抱团发展
广大农民共享农村改革和发展成果

习近平总书记强调:"要加快建立现代农业产业体系、生产体系、经营体系""要探索建立更加稳定的利益联结机制,让广大农民共享农村改革和发展成果"。

来宾蔗农52万人,占全市农业人口一半,"甜蜜的事业"如何鼓起千家万户的"钱袋子"?

袁智陆是来宾市兴宾区凤凰镇种蔗大户,也是周边蔗农的"田保姆"。"上个榨季,两台联合收割机收了4000多吨,帮蔗农运到糖厂过磅交易。"这些年,袁智陆种植的甘蔗田从30亩扩大到100多亩。

丰收还得增收。糖料蔗订单种植,"首付价+糖价"联动机制让广大蔗农日子"更甜"。"每年2、3月份种植期,糖厂就组织农户签收购订单。如果当年糖价高,还会二次联动结算,让蔗农享受糖价上涨红利。"广西东糖投资有限公司副总裁唐斌兵介绍,今年集团在广西的8家糖厂新增订单合同农户9245户。

在广西,随着"企业+农民合作社+蔗农"等生产经营模式落地,农业社会化服务规模越做越大,帮助小农户亩均生产成本下降超过200元。

凤凰镇龙头村，连片蔗海掩映下，村道旁错落分布着新建的小楼。"腰包鼓起，村里越来越多的人建起'甘蔗楼'，开回'甘蔗车'。"村党总支书记张鑫高兴地说，上一个榨季，全村进厂糖料蔗6.12万吨，村集体经济增收3万多元。

从小生产到抱团发展，甘蔗经营体系的变迁见证了我国现代农业经营体系加快构建，广袤乡村活力奔涌。

看全国，各类新型农业经营主体扎根田畴，联农带农、兴农惠农，为乡村全面振兴增活力、添动力。近220万家农民专业合作社、近400万个家庭农场、109万个农业社会化服务主体涌现，"家庭经营+""集体经营+""合作经营+"等多元经营方式共同发展，现代农业经营体系加快构建。

一组数据印证飞跃。新中国成立后，特别是新时代以来，我国农村居民收入实现跨越性增长。2023年我国农村居民人均可支配收入21691元，城乡居民收入比从2013年的2.81缩小到2.39。

鼓起"钱袋子"，过上好日子，广大乡亲建设宜居宜业和美乡村的劲头更足。

从田间到车间
全产业链发展提升综合效益

习近平总书记指出："要依托农业农村特色资源,向开发农业多种功能、挖掘乡村多元价值要效益""推动乡村产业全链条升级,增强市场竞争力和可持续发展能力"。

一根甘蔗能变成什么?

"我们每年可消耗近4万吨蔗渣制浆,生产出的餐具可以实现90天自然降解,也可以转变为有机肥料。"广西福斯派环保科技有限公司副总裁许家辉说,公司在建的15万吨可降解植物纤维环保餐具项目,全部达产后有望带动就业2000人。

从二产到三产,产业链延长拓宽。"我们村靠着甘蔗产业,乡亲们有的开起小吃店,有的到镇上景区务工,家门口的旅游饭越吃越香。"崇左市新和镇卜花村驻村第一书记黄子莲说。

如今在广西,从传统制糖产业,到食品、造纸、环保餐具、生物工程……一条完备的糖业循环经济产业链,"链"起了千亿级现代农业产业集群。

"吃干榨尽"的甘蔗产业,折射出各地乡村产业全链条升级带来的无限可能,见证我国乡村全面振兴的广阔前景。

产业兴——全国已累计培育全产业链产值超100亿元的产业

奋进强国路

集群139个，产值超10亿元的农业产业强镇350多个，县级以上农业产业化龙头企业9万多家。

消费旺——2023年，全国农村网络零售额达2.5万亿元，比2014年增长近13倍。城乡间，人流、物流、资金流、信息流的"双向奔赴"更加顺畅。

新征程上，各地区各部门锚定建设农业强国目标，学习运用好"千万工程"经验，健全推动乡村全面振兴的长效机制，奋力谱写更加壮丽的"三农"新篇章。

（本报记者 郁静娴 李晓晴 《人民日报》2024年09月17日第01版）

大国粮仓根基稳固

又是一个丰收年。山东省东营市河口区河口街道民生村田间，收割机轰隆隆驶过，将一排排玉米卷入仓内，切秆、剥皮，金黄的玉米棒顺着出仓口倾泻而下。这片曾经的盐碱地产出丰收粮。

习近平总书记强调："只有把牢粮食安全主动权，才能把稳强国复兴主动权。""中国人的饭碗任何时候都要牢牢端在自己手中，饭碗主要装中国粮。"

从盐田变粮田，从能打粮到创高产，从粮食满仓到虾蟹满塘，一片盐碱地，三次大升级，折射出我国粮食安全不断向更高层次跃升的稳健步伐。

新中国成立以来，我国粮食总产量由1949年的2264亿斤增加到2023年的13908亿斤。党的十八大以来，我国粮食产量更是连续9年稳定在1.3万亿斤以上。看人均，2023年我国人均粮

> 奋进强国路

食占有量达到493公斤,高于国际公认的400公斤粮食安全线。看品质,截至2023年,全国绿色、有机、名特优新、地理标志农产品认证登记总数达到7.5万个。

从当年4亿人吃不饱到今天14亿多人吃得好,"谁来养活中国"的问题有了响亮的答案——我们把饭碗牢牢端在自己手中。

从盐碱滩到米粮川——
全方位夯实粮食安全基础

习近平总书记强调:"开展盐碱地综合利用对保障国家粮食安全、端牢中国饭碗具有重要战略意义。"

东营市河口区地处黄河三角洲,盐碱地曾多达69.72万亩。"常年白花花一片,除了稀稀拉拉的碱蓬,啥也不长。向盐碱地要效益,乡亲们劲头十足。"老鸦村村民刘兆山说。

盐碱地也是潜在粮仓。政策给力,项目跟进,当地大力实施荒碱地开发,探索改土治碱:在地下布设精密的"排盐管网"洗盐和控盐;改善灌溉条件,深耕加深松,增施有机肥,实施高标准农田改造……地还是那片地,但盐碱滩变成了米粮川。

"真是想不到!一亩地一季就能收上千斤,盐碱地上的粮食产量已追平大田种植。"刘兆山笑了。

不只是老鸦村。在东营，全市盐碱耕地占比由建市之初的80%降至60%。近10年，近百万亩盐碱地改造成高标准农田。2023年，全市粮食面积、单产、总产实现"三增长"。

在全国，协同推进盐碱地治理和综合利用，盐碱地面积不断减少，重度盐碱地面积比例逐年降低。黑龙江松嫩平原、河北沿海滩涂、内蒙古河套平原，为粮食生产发挥更大作用。

粮食安全的根基在耕地。18亿亩耕地，是红线，是战略底线，是关系国家命脉的安全线。从中央到地方，落实最严格的耕地保护制度，全面落实耕地保护党政同责，以"长牙齿"的硬措施守护耕地资源。变化实实在在，我国耕地持续快速减少的态势得到初步遏制。据统计，2021年至2023年，全国耕地总量连续三年实现净增加，为粮食稳产增产提供重要保障。

农田就是农田，而且必须是良田。党的十八大以来，高标准农田建设持续推进，耕地质量总体进入持续改善、稳中有升阶段，粮食生产条件明显增强，粮食安全基础更加坚实。截至2023年底，全国已累计建成高标准农田10亿亩以上；全国耕地平均等级达到了4.76，比2014年提高了0.35个等级。

藏粮于地，一系列政策举措落实落细，粮食安全基础日益全方位夯实。

从能打粮到高产田——
给农业插上科技的翅膀

习近平总书记强调:"农业现代化关键要靠科技现代化,要加强农业与科技融合""要给农业插上科技的翅膀"。

511.88公斤!今年夏收,东营市垦利区黄河口镇生产村传来喜讯:平均盐碱度3.3‰的盐碱地里,耐盐碱品种"济麦60"示范田亩产突破千斤,打破中度盐碱地小麦高产纪录。

329公斤!2022年10月,东营市河口区河口街道盐碱地示范田内响起欢呼:蛋白脂肪双高大豆品种"齐黄34",又创下单产新纪录。

茫茫黄河口,一粒粒耐盐碱良种破土而出,一系列新技术、新装备、新模式在这里落地生根。

国家盐碱地综合利用技术创新中心在黄河三角洲农业高新技术产业示范区挂牌运行,58家高校院所、108个专家人才团队来到这里,200多项科技成果为粮食生产添动力;田里用上精量播种机、植保无人机,智能设备代替了肩挑背扛;土壤里的盐分、水分、养分等数据经过传感器实时传到控制中心;推广有机培肥、间作套作、小黑麦—甜高粱轮作、燕麦—甜高粱轮作等种植模式……

大国粮仓根基稳固

"以前种地靠经验，现在种地靠科技。"种粮大户张学珍感慨。2023年，东营市粮食总产量30.38亿斤，较建市初增加了21.5亿斤。"齐黄34"已在全国累计种植推广超过4000万亩。东营的这片盐碱地变成了科技示范田、稳产高产田。

盐碱地变高产田，见证了粮食生产插上科技的翅膀。

新中国成立以来，我国农业科技发展从小到大、从弱到强，取得长足进步。党的十八大以来，我国加快实现高水平科技自立自强，培育发展农业新质生产力，农业科技事业加快发展，创新体系更加健全，创新能力显著增强。2023年，全国农业科技进步贡献率63.2%，比2012年提升8.7个百分点，农业科技整体水平跨入世界第一方阵。

看种子——牢牢攥紧当家品种，加快选育特色品种，多年来我国农作物品种先后经历了6到8次更新换代。如今，农作物良种覆盖率超过96%，对粮食增产贡献率达45%以上。

看装备——总量持续增长、作业水平不断提升、社会化服务能力显著增强。如今，我国农机装备总量接近2亿台（套），农作物耕种收综合机械化率超74%，农机作业面积超过73亿亩次。

藏粮于技，一个个新品种、一项项新技术落户田野，粮食安全支撑保障能力更强。

从单打一到多元化——
粮食安全向更高层次跃升

习近平总书记指出,"现在讲粮食安全,实际上是食物安全",强调要"树立大农业观、大食物观"。

走进东营市三角洲养殖繁育有限公司,南美白对虾工厂化养殖车间里,工人正在饲养对虾;垦利区大闸蟹产业园里,蟹农们熟练地将大闸蟹绑扎、上码、装盒……

"中低盐碱度区域可以种粮,而我们这里盐碱度高的区域,可作为天然的'海水鱼塘'。"三角洲养殖繁育有限公司总经理赵龙介绍,"我们把露天池塘变成温度可控的车间,装上暖气和增氧机,全年能生产160万斤对虾,产出的虾当天就能送上北京、上海市民的餐桌。"

在东营,随着改造不断升级,盐碱地不只变身米粮仓,也变成饲草种植地、鱼虾养殖场,生产出富硒盐碱米、南美白对虾、黄河口大闸蟹、黄河口滩羊等产品。

盐碱地上从单一产品到多元产业,见证了我国粮食和重要农产品供给更加稳定安全,保障能力向更高层次跃升。

新中国成立以来,随着农业生产方式的变革,我国农业生产实现了由"以种植业为主、以粮为纲"的高度单一结构向"农林牧渔全面、多元、协调发展"的历史转变，多元化食物供给体系加快构建。

肉蛋奶产量多年来一直稳居世界前列；谷物、肉类、花生、茶叶、水果等农产品产量居全球首位；延伸粮食产业链、提升价值链、打造供应链，粮食企业工业总产值超 4 万亿元……从"满足量"到"提升质"，"米袋子""菜篮子""果盘子"稳稳当当。

建设农业强国，保障粮食和重要农产品稳定安全供给始终是头等大事。全方位夯实粮食安全根基，让"中国饭碗"装得更满，端得更稳，成色更足。

（本报记者 常钦 邓剑洋 《人民日报》2024 年 09 月 18 日第 01 版）

向海图强,"蓝色引擎"动力澎湃

碧海无垠,"蓝色引擎"动力澎湃。

习近平总书记指出:"发达的海洋经济是建设海洋强国的重要支撑""海洋经济发展前途无量"。

新中国成立75年来特别是党的十八大以来,我国持续关心海洋、认识海洋、经略海洋,海洋科技创新步伐加快,海洋经济综合实力不断提升,迈向更高发展质量。2023年,我国海洋经济量质齐升,全国海洋生产总值99097亿元,占国内生产总值比重为7.9%,拉动国民经济增长0.4个百分点。

大力发展海洋经济,建设海洋强国。从"兴渔盐之利""行舟楫之便",到如今海上的风吹亮陆地的灯、一朝咸水变淡水、优质海水鱼摆上餐桌……我国海洋产业欣欣向荣,托举出一片蔚蓝色的经济新空间。

向大海要能源
更多"绿电"造福千家万户

习近平总书记强调:"海洋是高质量发展战略要地""要加快海洋科技创新步伐,提高海洋资源开发能力,培育壮大海洋战略性新兴产业"。

2023年6月,长达123米、相当于40多层楼高的16兆瓦海上风电机组叶片,经由货运船送至福建平潭海域,准备安装于风机轮毂上。

面对强风和复杂海况,金风科技的科研人员和施工单位人员密切配合,小心翼翼地操控设备,将叶片缓缓吊起至150米高空,把176颗螺栓分毫不差同时插入轮毂孔位,对位精度达到毫米级。经过后期调试并网,巨型"白色风车"随风起舞,将绿色电能源源不断地输送至陆地。

这台令人瞩目的16兆瓦海上风电机组,年均可生产"绿电"超过6600万千瓦时。"它创造了单日最高发电38.72万千瓦时的世界纪录,相当于10多万人一天的生活用电量,并且该型风机已在三峡集团福建漳浦二期海上风电场批量化应用。"金风科技福建公司总经理张哲介绍。

为实现16兆瓦海上风电机组的国产自主研发、设计和制造,

奋进强国路

金风科技联合三峡集团组建了 30 多个科研团队，集结近千名研发人员，历时 18 个月，攻克轻量化超长柔性叶片设计、主轴承和变压器的国产化设计、单叶片吊装设计等多项难题。

自主创新、向海图强。在科技创新的有力支撑下，海洋可再生能源体系壮大、潜力无限。截至今年 8 月，我国自主研发的单机兆瓦级机组"奋进号"已连续运行超过 28 个月，累计送电超 400 万千瓦时，为潮流能规模化利用积累了工程经验；自主研发的单机兆瓦级波浪能发电机组"南鲲号"成功海试并顺利实现并网试运行⋯⋯

新时代以来，我国海洋电力产业规模持续扩大，海洋可再生能源规模化示范项目稳步推进，产业增加值连续多年保持高速增长。截至 2023 年底，我国海上风电累计装机达到 3728 万千瓦。

海上风能生生不息，波浪势能势不可挡，潮流动能用之不竭，创新突破加速催生产业发展新动能，更多"绿电"造福千家万户。

向大海要食物
"蓝色粮仓"丰富中国饭碗

习近平总书记指出："中国是一个有着 14 亿多人口的大国，解决好吃饭问题、保障粮食安全，要树立大食物观，既向陆地要食物，也向海洋要食物，耕海牧渔，建设海上牧场、'蓝色粮仓'。"

金鲳"晨海1号"、虎龙杂交斑……海南三亚崖州湾科技城，海南晨海水产有限公司亲鱼保种育种选种基地里，海水鱼品种丰富，令人眼花缭乱，3名科研人员抱起一条硕大的石斑鱼，进行杂交育种前的准备工作。

"多年来，我们扎根海水鱼类科学繁养研究与应用，建立了热带海水鱼种质资源库、基因库，努力实现水产种源自主可控，让人们吃上品质好、价格低的海水鱼。"海南晨海水产有限公司董事长蔡春有介绍，截至目前，公司实现人工繁养热带海水鱼类52个品种，种鱼（亲本）保有量10多万尾，选育年限最长超20年。

小小一尾海水鱼，"游"出一条产业链。

不单育种，从养殖到推广，海南晨海水产有限公司立足优质高效苗种，形成了"保引育、繁选推、种养贸、研学游"一体化、农文旅三产闭环相结合的生态产业链。企业还在多地通过开展"公司＋农户""养鱼产业合作项目"等形式，累计带动上万名养殖户共同发展。

福建自主研发的"富发1号"大黄鱼新品种获国家新品种认定；广东自主培育的凡纳滨对虾"海茂1号""海兴农3号"水产新品种打破国外种源垄断……沿海多地海洋渔业育种获得突破，正在把种业这个现代农业、渔业发展的基础工作做精做好。

粮食安全是"国之大者","蓝色粮仓"不断丰富着中国饭碗。新征程上，我国持续加强海洋渔业育种科技攻关与应用，藏粮于技，创新水产养殖技术，加快建设海洋牧场，有力支撑渔业"向岸上走、向深海走"。通过大力发展深海养殖装备和智慧渔业，推动海洋渔业向信息化、智能化、现代化转型升级，助推海洋渔业高质量发展。

耕海牧渔，逐梦深蓝，越来越多来自海洋的绿色健康优质食物，摆上了百姓餐桌。

向大海要淡水
积极为水资源开源增量

发展海水淡化产业，既关乎国家水安全，也直接影响民生福祉。

走进位于天津南港工业区的先达（天津）海水资源开发有限公司，一排排整齐的膜法海水淡化装备映入眼帘。13公里之外，近岸海水正被抽引、输送至这里的淡化装备，历经若干道精细复杂的淡化工艺之后，"变"成满足整个天津南港工业区需求的清澈淡水。

向海图强，"蓝色引擎"动力澎湃

"在自然资源部天津海水淡化与综合利用研究所的技术支撑下，我们组建起完备的海水淡化及综合利用示范项目。"先达（天津）海水资源开发有限公司首席执行官杨宏飞介绍，其中一条生产线完全由国产设备安装建造，预计今年10月底落成，将成为国内海水淡化技术的又一示范项目。

为实现海水淡化关键装备的国产化，自然资源部天津海水淡化与综合利用研究所围绕高压泵、增压泵、能量回收、反渗透膜等关键装备及材料进行不懈攻关，最终研制出性能达到国际先进水平的淡化装备和产品。

我国是海洋大国，海洋中"蕴藏"着丰富的淡水。作为水资源的开源增量技术，淡化海水能稳定供水、应急供水和战略性供水，是解决沿海水资源短缺问题的重要途径。

经过多年发展，我国已初步形成涵盖研发设计、装备制造、工程总包、产水运营、综合利用等多个环节的海水淡化产业链条，海水淡化工程规模快速增长，从2012年的77万吨/日增加到2023年的252万吨/日，为沿海石化、电力、钢铁等产业提供了重要的"发展水"，也为偏远海岛居民提供了不可替代的"民生水"。

党的二十大报告提出，"发展海洋经济，保护海洋生态环境，加快建设海洋强国。"党的二十届三中全会《决定》提出，"完善促进海洋经济发展体制机制。"

奋进强国路

　　海洋是高质量发展战略要地。坚持开发与保护并重，实现海洋资源有序开发利用，积极通过高水平保护支撑海洋高质量发展，海洋强国建设风帆正劲。

（本报记者 刘诗瑶 《人民日报》2024年09月19日第01版）

从延安苹果产业链看金融为民
普惠金融助力农业现代化

陕北黄土高原部分沟沟峁峁上,红彤彤的苹果满缀枝头。经过几十年的发展,苹果产业已成为延安的主导产业,是当地80万农民的"致富果""希望果"。

种植、收储、加工、销售……一条延安苹果产业链,获得信贷、保险、期货等多种普惠金融产品的精准"滴灌",金融力量推动加快实现乡村全面振兴。

习近平总书记指出:"要始终坚持以人民为中心的发展思想,推进普惠金融高质量发展,健全具有高度适应性、竞争力、普惠性的现代金融体系,更好满足人民群众和实体经济多样化的金融需求"。党的二十届三中全会《决定》提出:"积极发展科技金融、绿色金融、普惠金融、养老金融、数字金融,加强对重大战略、重点领域、薄弱环节的优质金融服务。"

新时代以来，普惠金融服务农业农村的广度和深度不断拓展，产品创新不断提速，"乡乡有机构、村村有服务、家家有账户"基本实现，"金融为民"扎根广袤大地，助推共同富裕。

金融"滋养"苹果生产全周期

在延安，果农不愁"贷"——金融机构工作人员常年走访果园，主动提供信贷服务。

建果园、换树种，有果园贷、苗木贷。

3年前，洛川县槐柏镇度古村村民张成才参加了县果投公司的"金融果园"项目，按"首付20%、产果后分期还款"合约，贷款建成了一座果园，如今园内已经果木葱茏。

在洛川县永乡镇阿寺村，村民李军旗几年前贷款换种矮化密植株的7亩果园开始结大果。他再次从农行洛川支行申请了10万元的"苗木贷"，把剩下的9亩果园也换种了。

买化肥地膜、雇人雇车，有各类"苹果贷"。

"从前，跟舅舅姨姨们借钱，走亲戚都打怵。2020年邮储银行在南沟村开展整村授信后，跟种苹果有关的投入都能贷款解决。咱家前后贷了40多万元，果园从5亩增加到15亩，今年的收入看着也稳了！"安塞区高桥镇南沟村村民白建峰说。

从前，一场冰雹、霜冻，全年的劳作可能就泡了汤。如今有了保险，果农不再怕"老天爷给脸色"——

"满地挑不出一个好果，大家都很心疼。"洛川县永乡镇冯家村村民冯永生记得，2021年雹灾第二天，人保财险来了4个人，把全村1800亩果园查勘完。"三五天赔款就到账了，咱一亩只交36元保费，没想到全村都按每亩2700元最高限额赔，几个婆姨激动得掉下眼泪……"

党的十八大以来，普惠金融快速发展。在连续多年保持较高增速的基础上，2023年全国普惠型涉农贷款余额12.59万亿元，同比增长20.34%，超过各项贷款平均增速10.2个百分点。目前，三大主粮完全成本保险和种植收入保险政策已开展6年多，地方政策性特色农业保险种类丰富；数字赋能，金融业在授信、贷款、理赔环节不断创新，实现秒批、秒贷……

金融支持苹果全产业链发展

在延安，几乎每家仓储、包装、加工、电商、物流企业的成长，都得到了普惠金融的支持。

王掌柜农业发展有限公司2020年秋季落户洛川时，土地厂房没有所有权证，无法抵（质）押贷款。眼见苹果下树，企业采购资金缺口达 2000 万元，公司负责人王超焦急万分。

通常，生鲜食品不能作为贷款质押物。但洛川农商行经过研究，认为企业先期用自有资金收储的 5000 吨苹果放在冷库中，半年内不影响品质，而且该企业通过智能系统选果走精品路线，库存苹果具备了质押条件。就这样，在洛川农商行 2000 万元苹果仓单质押贷款支持下，王掌柜公司来延安第一年就站稳脚跟。目前，企业每年销售洛川苹果 10 万吨，带动农户就业 1 万多人次。

普惠金融助力延安苹果"走四方"——

从邮储银行贷款 300 万元建成生产线，洛川蔚蓝农业开发有限责任公司把苹果脆片卖上了飞机；

获得农商行 300 万元贷款支持，"果臻美"电商企业租冷库、收鲜果，每年帮 500 多户果农的延安苹果找到网上销路；

中金所联合星火燎原公司和当地合作社共同实施的"订单收购＋期货"方案，促进当地苹果产业从"产—供—销"向"销售链—消费者—生产链"转变，为合作社成员提供更多务工机会和分红所得……

"以需求倒逼金融机构增加普惠金融供给，精准切入苹果全产业链上的每个环节，助推延安苹果产业成为持续效益最好、对农民增收贡献最大的特色产业。"国家金融监督管理总局延安监管分局副局长马建平说，截至 2024 年 6 月末，延安全市苹果产业贷款余额94.34亿元，同比增长38%。

党的十八大以来，以习近平同志为核心的党中央高度重视普惠金融工作，制定出台了一系列促进普惠金融发展的战略规划和政策措施，基本建成多层次的普惠金融供给体系。有关部门不断加大对小微、涉农等经营主体的资源倾斜力度，同时完善绩效考核、审批权限下放等管理机制，推动金融机构敢贷、愿贷，还通过财政贴息、政府担保等努力降低综合服务成本，利用信息数据手段为经营主体增信，持续推动解决小微、涉农经营主体融资难、融资贵等问题。

金融为民促进共同富裕

在延安，普惠金融有"三转"——

行长围着园区转。金融机构负责人三天两头跑去果园、产业园摸情况。从"主播贷""托管贷"到"产业客群批量拓客"……结合苹果产业发展的季节性、周期性特点的新产品、新模式不断涌现，目前延安已拥有苹果信贷特色产品30余个。

信贷员围着山沟转。农行安塞区支行有一支吃苦耐劳的张思德三农服务队。每到春种、秋收的农忙季，队员们一头扎进山沟，走村入户宣传政策、办理贷款。

奋进强国路

管理部门围着企业转。"优化营商环境，政府要当好'店小二'！"各区县每年组织召开多次政银企对接会，让银行、企业面对面沟通交流，政府部门现场办公，打通政务"梗阻"。为加强政策协同，洛川县出台了农村承包土地经营权抵押贷款管理办法和风险补偿基金管理办法，积极引导县农村商业银行开展农村土地经营权抵押贷款试点，盘活农村"沉睡资本"。

党的十八大以来，从打赢脱贫攻坚战到推进乡村全面振兴，从支持百姓创新创业到帮助企业爬坡过坎，普惠金融始终以鲜明的人民性，成为推动经济社会高质量发展的重要力量，极大满足了小微企业、农民、城镇低收入人群、老年人等特殊群体的金融需求，更好满足人民对美好生活的需要。

（本报记者 曲哲涵 郁静娴 《人民日报》2024年09月20日第01版）

从一个边陲小镇看高水平对外开放
开放的大门越开越大

1000万吨！9月16日，云南磨憨传来喜讯，自2021年12月3日通车运营以来，不到3年时间，经中老铁路进出口货物累计已超1000万吨。

习近平总书记指出："只有开放的中国，才会成为现代化的中国。""中国开放的大门只会越开越大，永远不会关上。"

磨憨位于云南最南端，原先是一个边陲小镇，新时代以来，乘着全面深化改革的东风，快速蝶变为国际大口岸，见证了中国坚定不移扩大高水平对外开放的铿锵步伐。

新中国成立75年特别是改革开放以来，我国始终坚持独立自主、互利共赢的原则，不断探索中国特色的对外开放之路。党的十八大以来，以习近平同志为核心的党中央在新的起点上建设更高水平开放型经济新体制，形成更大范围、更宽领域、更深层次对外开放新格局,在和平发展、合作共赢中不断拓展中国式现代化的广度和深度。

小镇变身大口岸——
开放型经济跃上新台阶

习近平总书记指出:"以开放促改革、促发展是我国现代化建设不断取得新成就的重要法宝。"

磨憨地处云南与中南半岛的枢纽部位,位于我国面向南亚、东南亚开放的前沿。1992 年,磨憨口岸获批国家一类口岸,"那时候口岸上只有简易的通关设施,人员来往、货物交换很有限。"昆明海关所属勐腊海关副关长周保华回忆道。

2016 年 3 月,国务院正式批复同意设立中国老挝磨憨—磨丁经济合作区,这是继中哈霍尔果斯国际边境合作中心之后,中国与毗邻国家共同建立的第二个跨境经济合作区。2021 年 12 月,中老铁路通车运营,磨憨成为同时拥有国家一类公路和铁路口岸的重要交通枢纽,是中国通往老挝唯一的国家级陆路口岸,磨憨的发展迎来新机遇:

政策沟通,中国老挝磨憨—磨丁经济合作区成为"一带一路"面向东南亚的关键枢纽,是推动中国与东盟国家经贸往来和经济合作的重要交汇点；贸易畅通，进境水果、粮食、冰鲜水产品等指定监管场地投入使用……

"综合考虑运输成本、物流时效等因素，走中老铁路出口产品至老挝、泰国是最佳选择。今年以来我们出口硅光伏产品货值已达1.8亿元。"江苏润阳新能源科技股份有限公司副总监邹伟说。

优势在区位，出路在开放。"今天的磨憨，中老铁路班列往来飞驰，跨境货物品类由开通初期的10多种扩展至3000多种，日均开行列数从初期的2列发展到现在的18列，与西部陆海新通道、中欧班列贯穿联通，为连接南亚、东南亚提供了更加便捷、高效的物流大通道。"说起磨憨的变化，周保华如数家珍。

从边陲小镇变身开放高地，这样的故事在华夏大地持续上演——

广东深圳，昔日小渔村，如今大都市，进出口总额占全国1/10；

浙江义乌，汇聚全球210万种商品，日均2800万个快递从这里飞向世界各地；

新疆阿拉山口，中欧班列线路累计超120条，越来越多的"中国制造"从这里走向中亚、欧洲市场；

…………

七十五载春华秋实，七十五载沧桑巨变。新中国成立以来，我国对外开放实现跨越式发展，取得历史性成就。货物贸易规模从1950年的11.3亿美元，跃升至2023年的5.9万亿美元。党的十八大以来，我国实行更加积极主动的开放战略，加快培育国际竞争新优势，开放型经济跃上新台阶。外贸年均增长1.6万亿元，相当于一个中等规模国家的年进出口总额，连续7年保持全球货物贸易第一大国地位。2023年，我国实际使用外商直接投资金额占全球的12.3%，双向投资规模名列前茅。

进口水果进万家——
中国市场机遇惠及全球

习近平总书记指出："中国正以高质量发展全面推进中国式现代化，必将为世界发展带来新的更大机遇。"

今夏，进口榴莲供给增多、价格走低，受到消费者欢迎。其背后原因在于我国主动扩大进口，坚定不移推进高水平开放。今年1—8月，经磨憨口岸进口的泰国榴莲累计达24.5万吨。

一条铁路，架起物流快通道。满载东南亚水果的国际货物列车一路向北，在磨憨铁路口岸经海关查验后，直抵昆明王家营西集装箱中心站，物流时间由公路运输的10多天缩短至3天内。

改革创新，通关跑出加速度。针对进口热带水果保鲜期短的特点，昆明海关开辟"绿色通道"，推行"两步申报"、汇总征税等通关便利化措施，同时配置智能监管查验设备，实现严密监管和高效通关。

"现在搭乘'澜湄快线'国际货物列车，通关时间缩减了80%，成本节约了近30%。"云南磨憨东新进出口贸易公司负责人王小伍十分感慨。

党的十八大以来，我国扩大自主开放，与世界共享中国大市场机遇。

主动扩大进口。连续6年举办中国国际进口博览会，这是世界上第一个以进口为主题的国家级展会。持续降低关税，关税总水平目前已经降至7.3%，接近发达国家平均水平。

放宽市场准入。日前，2024年版全国外资准入负面清单出炉。与2021年版相比，新版负面清单的限制措施由31条压减至29条，制造业领域外资准入限制措施全面取消。

"我国进口整体规模多年稳居世界第二，由2012年的11.49万亿元增至2023年的17.99万亿元。"海关总署新闻发言人、统计分析司司长吕大良表示，中国市场机遇惠及全球，2023年，我国进口来源地覆盖了全球200多个国家和地区，自最不发达国家进口的农产品和机电产品等，较2012年成倍增长。

"我们将确保外资准入负面清单以外的领域，按照内外资一致的原则管理，切实给予外资企业国民待遇，让更多跨国公司分享投资中国机遇，安心在中国长期经营发展。"商务部相关负责人表示。

发展外贸新模式——
培育国际经济合作和竞争新优势

习近平总书记指出："要更加主动对接高标准国际经贸规则，稳步扩大规则、规制、管理、标准等制度型开放，加快打造对外开放新高地，建设更高水平开放型经济新体制，加快构建新发展格局。"

在磨憨边民互市场内，一辆辆满载香蕉、西瓜、毛豆等商品的货车，有序进场离场。在旁边的综合服务大厅，57岁的边民那永萍正在智能自助申报机上对进口货物进行报关。

"现在，在互市场做生意，可享受国家给边民的免税政策，货品丰富，收入增加了。"那永萍说。

因地制宜探索高水平开放新路径，磨憨充分发挥磨憨—磨丁经济合作区和自贸试验区政策优势，成立边民合作社，探索"互联网＋边民互市"监管模式，在扩大国际合作中提升开放能力。今年1—8月，磨憨口岸边民互市贸易总量达121.8万吨，贸易额

45.4 亿元，比去年同期分别增长 32%、34.7%。

党的十八大以来，我国稳步扩大制度型开放，增强国内国际两个市场两种资源联动效应，培育国际经济合作和竞争新优势。

"试验田"枝繁叶茂。22 个自由贸易试验区形成了覆盖东西南北中，统筹沿海、内陆、沿边的改革开放创新格局，以不到千分之四的国土面积，贡献了占全国约 20% 的外商投资和进出口总额。

"朋友圈"越做越大。截至 2023 年底，我国已与 29 个国家和地区签署 22 个自贸协定，与 150 多个国家、30 多个国际组织签署了 200 多份共建"一带一路"合作文件。

开放是中国式现代化的鲜明标识。新征程上，一个更加开放的中国，必将以中国式现代化新成就为世界发展提供更多机遇。

（本报记者 罗珊珊 《人民日报》2024 年 09 月 21 日第 02 版）

从三堂课看教育现代化发展
教育强国建设迈出坚实步伐

教育是强国建设、民族复兴之基。

新中国成立 75 年以来,教育事业硕果累累。党的十八大以来,我国建成世界上规模最大的教育体系,教育现代化发展总体水平跨入世界中上国家行列。我们坚持把教育作为国之大计、党之大计,新时代教育事业取得历史性成就、发生格局性变化。

习近平总书记近日在全国教育大会上强调:"建成教育强国是近代以来中华民族梦寐以求的美好愿望,是实现以中国式现代化全面推进强国建设、民族复兴伟业的先导任务、坚实基础、战略支撑,必须朝着既定目标扎实迈进。"

课堂是学校教育教学的主阵地,是落实立德树人根本任务的主渠道。从一次生动的课堂教学,能感知教育现代化对经济社会发展的贡献日渐提升,触摸教育大国向教育强国跃升的发展脉搏。

一堂思政课
坚持不懈用习近平新时代中国特色社会主义思想铸魂育人，学校思想政治教育不断加强

"中共一大在哪里召开？""哪些代表参会？"同学们纷纷挥舞手中的红旗，跃跃欲试地抢答。

9月2日，中共一大纪念馆宣教专员走进了上海卢湾一中心小学的思政课。一节微宣讲、一场党史问答、一次主题版画拓印，红色基因在学生心中悄然扎根。

10天后，一场思政课"集体大备课"在纪念馆展开。"关键课程"，何以锻造？"大思政课"，如何善用？《日出东方》壁画前，上海大中小学教师代表共同探讨、相互启发。

2022年，教育部在上海设立"大思政课"建设综合改革试验区。线上"智慧课堂"、线下"行走课堂"，服务实践教学和师生研修的服务平台陆续亮相……

我们党历来高度重视思政课建设，在革命、建设、改革各个历史时期，都作出过重要部署。改革开放以来，党中央先后出台一系列关于学校思想政治工作的文件，推动思政课改革创新。

当前形势下，办好思政课，要放在世界百年未有之大变局、党和国家事业发展全局中来看待，要从坚持和发展中国特色社会

奋进强国路

主义、建设社会主义现代化强国、实现中华民族伟大复兴的高度来对待。

如何不断提高思政课的针对性和吸引力？在上海，红色场馆与大中小学"双向奔赴"，体现了思政课改革创新坚持"八个相统一"的鲜明导向。课堂"半径"不断延展，育人主体和渠道日益丰富，形成思政教育"同心圆"。

习近平总书记强调，要坚持不懈用新时代中国特色社会主义思想铸魂育人，实施新时代立德树人工程。

党的十八大以来，教育系统在学校思想政治工作目标任务、培养方式、保障机制等方面采取有效措施——

高校全覆盖开好"习近平新时代中国特色社会主义思想概论"课和使用统编教材；健全课程、科研、实践、文化、网络等育人体系；深化大中小学思政课一体化行动，学校教学主渠道、社会实践课堂、各类育人资源平台等相支撑的"大思政课"建设工作格局不断拓展……

为党育人，为国育才。广大青少年学生坚定马克思主义信仰、中国特色社会主义信念、中华民族伟大复兴信心，展现出立报国强国大志向、做挺膺担当奋斗者的精神风貌。

一堂远程"双师"课
办好人民满意的教育,教育资源配置进一步优化

贵州务川仡佬族苗族自治县,位于遵义东北部,群山环绕,交通不便。家门口"上好学",曾是大山里深切的期盼。

日前,一次和声基本功练习成为务川二中音乐班的开学第一课。除了本校教师,这堂课还有远在广东的珠海一中星空合唱团教师在线上参与教学。

"请务川的同学唱主旋律,'我爱你中国,亲爱的母亲'""我们哼唱'无论在何时何地我都想念着你'"……熟悉几遍后,同一首歌在"云端"合唱。

9月,在珠海市援建下,历经两次借址办学的务川二中正式启用新校区。宽敞明亮的教室、设备完善的宿舍、绿意葱茏的校园……这里是学生的新家。

"珠海一中和遵义几所名校教师组团式帮扶,让我们接触到很多新的教学方法。这学期还有老师准备去珠海交流。学生也更加自信,数学、物理成绩提升明显。"务川二中教师曾仙说,学校是照亮梦想的地方。

一次远程教学,连接两地课堂,见证了山区学校从基础设施建设到教师能力水平的积极变化,折射出教育资源配置进一步优

化的显著成效。

建设教育强国，最终是办好人民满意的教育。

发展乡村教育是一个具有深刻时代价值意蕴的课题。写好乡村教育的"民生答卷"有利于促进社会均衡发展，满足人民群众"上好学"的需求，进而推动乡村全面振兴。

习近平总书记强调，要坚持以人民为中心，不断提升教育公共服务的普惠性、可及性、便捷性，让教育改革发展成果更多更公平惠及全体人民。

党的十八大以来，乡村义务教育普及率不断攀升，乡村学校软硬件设施得以完善，乡村教师专业教学能力、综合素质明显改善。

教育经费一半以上用于义务教育，各地区间有一半以上用于中西部；重点高校招收农村等地区学生专项计划，累计录取近110万人；累计资助学生约16.2亿人次、2.6万亿元……进入新时代，一系列举措务实有效，学生获得更多更平等的受教育机会，城乡、区域、校际等差距逐步缩小。

以教育之力厚植人民幸福之本，这份初心，始终如一。

一堂创新讨论课
以国家战略需求为牵引，人才要素充分汇聚

大学培养拔尖创新人才，应该怎么上课？面对"卡脖子"难题，匹配国家战略需求的课程能否讲好？

"交叉创新挑战性问题"，是清华大学行健书院钱学森力学班的专属讨论课。

"计算成像""AI对科技的影响""智慧型力学超材料"，翻开大二学生黄哲铖的听课本，几个专题记得很详细。"这些课让我养成了主动提问、交流的学习习惯，打开了视野。"他说，还有一系列实践课，参观卫星装备研究机构、飞机制造公司，"近距离感受大国重器、中国力量"。

学生"下单"，预约感兴趣的专家；讲台上有两院院士、青年学者，也有展示小组讨论的同学；课后，总有"问不停"的年轻人，围着"答不完"的老师……

开课5年，从注重"教"，转向以"学""创"为中心，一堂堂讨论课启智润心，许多毕业生深造后投身航空航天、能源动力、机器人与先进设备等领域技术研发。

重视课堂，就是重视教育、重视人才。当今世界，综合国力竞争说到底是人才竞争，人才越来越成为推动经济社会发展的战

奋进强国路

略性资源，教育的基础性、先导性、全局性地位和作用更加突显。

新中国成立之初，80%以上人口是文盲，高等教育毛入学率仅有0.26%。此后，特别是改革开放以来，党和政府高度重视教育事业，坚持教育优先发展。

今日之中国，拥有各级各类学校49.83万所，学历教育在校生2.91亿，专任教师1891.8万。其中，高等教育进入世界公认的普及化阶段，2023年毛入学率60.2%。

习近平总书记强调，要统筹实施科教兴国战略、人才强国战略、创新驱动发展战略，一体推进教育发展、科技创新、人才培养。

实施"强基计划""拔尖计划"，加强科学教育、工程教育，建设前沿科学中心等重大科研平台，构建职普融通、产教融合的职教体系……锚定国家战略需求，教育成为连通科技、人才、创新的纽带。

"中华文明源远流长、绵延不断，基础在教育。实现中华民族伟大复兴，基础在教育。"站在新中国成立75年的历史节点，我们要牢牢把握教育的政治属性、人民属性、战略属性，迈出教育强国建设坚实步伐。

（本报记者 黄超 《人民日报》2024年09月22日第01版）

从中国 5G 看科技事业蓬勃发展
科技强国建设扎实推进

累计建成基站近 400 万个，5G 移动电话用户达 9.5 亿户，建成全球规模最大、技术领先的 5G 网络，用户普及率超过 60%——这是中国 5G 发展的速度；

标准必要专利声明量全球占比达 42%，向国际标准化组织提交文稿超过 16 万篇——这是中国 5G 创新的高度；

从珠穆朗玛峰海拔 6500 米前进营地到新疆塔里木油田万米深井，一座座 5G 基站跨越山河、联通广袤天地——这是中国 5G 覆盖的广度；

数字工厂、智能矿山、远程医疗、线上课堂，97 个国民经济大类中的七成以上用上了 5G——这是中国 5G 应用的深度……

5G 助力加快实现高水平科技自立自强，为高质量发展注入新动能，也折射出我国科技事业的蓬勃发展和巨大成就。

奋进强国路

习近平总书记强调:"中国式现代化要靠科技现代化作支撑,实现高质量发展要靠科技创新培育新动能。"

科技兴则民族兴,科技强则国家强。新中国成立75年来特别是党的十八大以来,我国科技事业取得历史性成就、发生历史性变革,进入创新型国家行列,建设科技强国的基础更加坚实。

基础前沿领域重大原创成果持续涌现

习近平总书记指出:"加强基础研究,是实现高水平科技自立自强的迫切要求,是建设世界科技强国的必由之路。"

基础研究的地基打得牢,科技事业大厦才能建得高。

把一篇23页的数学论文转化为全球领先的5G技术,需要付出多少努力?华为给出的答案是:超过1万人奋斗15年。

坚持创新耕耘,华为把基础研究成果变成技术和标准,掌握了大规模天线阵列、全息波束赋形、网络切片等关键技术,研制出世界领先的产品。

基础研究是科技创新的源头活水。如今,华为每年在基础研究领域的投入在200亿元以上,在全球建立了26个研发能力中心,拥有700多位数学家、800多位物理学家、120多位化学家,基础研究各领域专家达到6000多人。

根深才能叶茂，源远方能流长。党的十八大以来，我国坚持"四个面向"，持续加强基础研究，为创新发展提供基础理论支撑和技术源头供给。2023 年，我国基础研究经费支出增长 9.3%，基础研究投入占全社会研发经费比重连续 5 年超过 6%。

新时代以来，我国科研人员在基础前沿领域取得一批重大原创成果："中国天眼"等大国重器接连取得世界级发现，化学小分子诱导人体细胞实现重编程，二氧化碳人工合成淀粉实现"技术造物"……科技事业大厦的底座日益夯实，国家科技创新的底蕴和后劲更加充实。

关键核心技术攻关能力不断提升

习近平总书记强调："要充分发挥市场在科技资源配置中的决定性作用，更好发挥政府各方面作用，调动产学研各环节的积极性，形成共促关键核心技术攻关的工作格局。"

当全球 5G 定义还处在"十字路口"时，对于"5G 是什么？它的愿景、需求、网络体系架构什么样"等问题，中国科技人员已做了深入研究。

2013 年 2 月，依托"新一代宽带无线移动通信网"国家科技重大专项，我国成立了由产学研用各方组成的 5G 推进组（IMT—

2020 推进组），承担起推动 5G 技术研发、验证技术方案、支撑国际标准制定的重要使命。

"我们持续开展关键技术征集与评估，9 个指标中有 8 个被纳入国际标准，为全球统一 5G 标准提供了有力支撑。"中国通信标准化协会理事长闻库说。

5G 研发攻关过程中，我国不仅攻克大规模天线等基础技术，还在网络架构、灵活空口等系统设计方面实现了主导，为 5G 发展奠定了坚实的基础；以华为、中兴为代表的厂商在加快自身技术创新的同时，带动上下游厂商攻克一系列技术和产业化难关，推动网络、基站、芯片、器件、终端等产品加速成熟。

"以应用带动系统，以系统带动设备，以设备带动终端，以终端带动芯片，把整个产业链的上下游串联了起来，实现了从算法、关键技术、标准、产品到应用的全链条多项关键技术的突破。"中国工程院院士邬贺铨说。

关键核心技术是国之重器，必须牢牢掌握在自己手里。我们要建成的科技强国，必须具备的基本要素之一就是"拥有强大的关键核心技术攻关能力，有力支撑高质量发展和高水平安全"。

近年来，通过关键核心技术攻关，我国铸就了一批"国之重器"：白鹤滩水电站全力运转；伶仃洋上，世界级跨海集群工程深中通道正式开通；集成电路、人工智能等新兴产业蓬勃发展；自主研制 15 兆瓦重型燃气轮机总装下线；国产大飞机顺利交付运营……一系列拥有自主知识产权、具有战略意义的重大科技成果从图纸变为现实，描画出科技创新活力奔涌的时代图景。

创新驱动高质量发展取得新成效

习近平总书记指出："扎实推动科技创新和产业创新深度融合，助力发展新质生产力。"

清晨，一架无人机从浙江舟山的渔船上起飞，1 小时后就将上百斤重的鲜活海鱼运送到上海。通过多频协同、低空覆盖优化等手段，5G 网络覆盖这条上百公里的低空物流航线，对无人机的高度、位置、轨迹动态等进行实时感知、精准监测，为低空经济发展提供通信保障。

从"建得好"到"用得好"，5G 不仅成为支撑经济社会数字化、智能化转型的关键基础设施，更成为国民经济的先导性、引领性产业，为推进高质量发展注入了强劲动能。

自动化生产线上，5G 带来稳定的无线连接，使机械臂运行更快更稳；5G 的大带宽和低时延等特点，使远程手术更加精准；自动驾驶示范区内，5G 让车、路、网实现高度协同；4K/8K 超清视频等应用不断丰富，点亮智慧新生活……5G 与各行各业互联深度融合,"一业带百业"的作用不断彰显。

放眼今天的中国,高性能装备、智能机器人等,有力推动着产业转型升级;一批水稻、小麦、玉米新品种创制成功,可再生能源总装机历史性地超越火电,支撑发展和保障安全的创新战略格局不断形成……2013年至2023年,我国规模以上装备制造业、高技术制造业增加值年均分别增长8.7%、10.3%,战略性新兴产业发展壮大,未来产业谋篇布局,以高科技、高效能、高质量为特征的新质生产力加快发展。

充分认识科技的战略先导地位和根本支撑作用,锚定2035年建成科技强国的战略目标,鼓足干劲、团结奋斗,我国科技创新事业必将再创辉煌,为中国式现代化提供强大科技支撑。

(本报记者 谷业凯 陈世涵 《人民日报》2024年09月23日第01版)

从一项工程、一条热线、一纸民约看基层治理现代化
以"基层善治"夯实"中国之治"

秋风送爽,榧林飘香,澄澈的枫溪江水流过千年古镇——浙江省诸暨市枫桥镇。萌生于此的"枫桥经验"历久弥新。

植根基层,深耕基层,"坚持矛盾不上交"是"枫桥经验"的核心要义。历经岁月的洗礼和实践的检验,新时代"枫桥经验"早已遍地开花,成为基层社会治理的一面旗帜,成为"中国之治"的一张亮丽名片。

治国安邦,重在基层。基层治理是国家治理的基石。

习近平总书记强调:"基层强则国家强,基层安则天下安,必须抓好基层治理现代化这项基础性工作。"

新中国成立75年来特别是党的十八大以来,基层治理体系日益完善,基层治理方式和手段不断创新,基层治理效能显著增强,人民群众享有越来越多的获得感、幸福感、安全感。如今,"基

层善治"的生动实践在神州大地处处可见,不断续写社会长期稳定奇迹,不断开辟"中国之治"新境界。

一项工程,凝聚人心力量
党的基层组织是群众的"主心骨"

在上海市长宁区,有个响当当的基层党建品牌——"凝聚力工程"。

上世纪90年代初,华阳路街道党工委开展"串百家门、知百家情、解百家难、暖百家心"行动,了解人、关心人、凝聚人。自此,这个被称为"凝聚力工程"的基层党组织工作机制被广泛推广、传承至今。

今年5月22日,虹桥人才公寓正式开放线上申请。几个月以来,1000余户住客签约并陆续入住。虹桥人才公寓党支部第一时间开展"四百"大走访,了解住户需求。其中,"公寓距离地铁站较远"是反映集中的一个问题。

虹桥人才公寓党支部积极协调各方资源,依托"党支部—业主方、运营方、物业方—住户(商铺)自治联盟",成立公共交通专班小组,共同商议班车运行方案。最终,公寓运营方支持开通了短驳班车。

如今，踏着晨曦微光，住户们搭乘着"量身打造"的短驳班车，这不仅缩短了上班路程，也拉近了他们与党组织之间的距离。"'凝聚力工程'就是发挥党建引领作用，凝聚人心、凝聚力量，把一件件民生实事办好，让党的基层组织成为群众的'主心骨'。"虹桥人才公寓党支部书记范朱凤说。

党建抓实了，就是凝聚力。新时代以来，各地各部门始终把加强基层党的建设、巩固党的执政基础作为贯穿社会治理和基层建设的一条红线。

以"网格化党建"的方式，不断延伸党组织的触角，做到"事在网中办，难在网中解"；以"区域化党建"的方式，推动机关企事业单位与乡镇（街道）、村（社区）党组织联建共建，提升及时就地化解矛盾纠纷的能力；建立健全党员干部下沉的常态长效机制，保持与群众的密切联系，及时发现问题、解决问题……

如今，在田间地头，在街头巷尾，在商圈楼宇，党的政治领导力、思想引领力、群众组织力、社会号召力充分发挥，党的政治优势、组织优势、密切联系群众优势不断转化为基层治理效能。

一条热线,激发群众热情
全过程人民民主在基层走深走实

旧改是"难啃的硬骨头",可在北京市朝阳区酒仙桥街道红霞路社区,难事并不那么难。为什么?秘诀就在于全过程人民民主在基层走深走实。

不久前,社区党委书记刘梦球带着记者,一路走一路看。专门开辟区域,用于电动车充电、停放;设置公共晾衣杆,方便筒子楼居民日常晾晒……这都是应群众诉求而建的。

"老旧社区难免有各种各样的问题,群众以往经常拨打12345。我们不遮掩、不推责,接诉即办,一件接着一件办。哪怕有的事一时难办成,也会主动和群众讲清楚。"刘梦球说。

干部实干,群众认可。逐渐地,越来越多的人主动参与到社区治理中来。

去年夏天,酒仙桥街道开展旧改签约工作,红霞路社区有户人家不同意签字。街道干部想到了热心志愿者孙美英,主动给她打电话,请她来帮忙。"没问题,我是户主的老同事,也是此前拆迁的受益者。我说的话她能信。"孙美英入户走访,顺利帮助解决了问题。

从民事民提,再到民事民议、民事民办,刘梦球感慨:"紧紧依靠群众，难事就不难。"红霞路社区党委牵头成立"久爱红霞"旧改议事平台，老党员、律师、志愿者等共同参与，群众的事情群众商量着办，很多难题得到及时就地解决。社区旧改一期涉及4个地块，仅用2个月时间，就交出了整体签约率99.15%的答卷。

一切为了群众，一切依靠群众。如今，在北京，"接诉即办"深入人心，"朝阳群众""西城大妈"热忱奉献，撬动了一场超大城市治理的深刻变革。

天津"小巷管家"、浙江"红枫义警"等一支支群防群治队伍，活跃在基层治理一线。他们往往是小区、网格里的居民群众，更是服务小区、网格的政策宣传员、民情收集员、矛盾调解员……新时代以来，共建共治共享的社会治理制度不断完善，全过程人民民主的活力不断迸发，一幅幅干群同心、人人尽责的奋斗画卷正徐徐展开。

一纸民约，涵养文明乡风
自治、法治、德治相结合的城乡基层治理体系不断健全

在山东省枣庄市薛城区周营镇周营二村村委会办公室墙上，张贴着一份全村1271名村民共同的约定。

用村规民约管人管事，是这个村长期以来的做法。

改革开放初期,周营二村是周边贸易往来的集散地,村民的思想观念日趋多元。如何让村庄既充满活力又和谐有序?经集体协商,一纸民约发放到各户。

睦邻团结,爱护幼小;说话办事要有礼貌……周营二村党支部书记房健说,虽然当时民约只有5条,但都是村民们认可的,大家都按民约上说的干。

时光荏苒,周营二村发生翻天覆地的变化。守正创新、与时俱进,去年2月,一份具有新时代气息的新民约随之出炉:践行社会主义核心价值观,弘扬齐鲁优秀传统文化;弘扬诚信美德、遵守约定,信守诺言,不撒谎、不欺骗……

一纸民约,体现自治的智慧,彰显法治的精神,涵养德治的文明。村民房安成讲述了一个细节:"村里规定,年龄75周岁以上的老人可以享受免费午餐。这传递的是敬老孝亲,是暖心温情。如今逢年过节,村里的很多年轻人给老人和五保户送米、面、油。"

久久为功,成风化俗。社会治理是一门科学,贵在坚持系统治理、依法治理、综合治理、源头治理。

如今,各地各部门不断加强和创新基层治理,完善推广积分制、清单制等一系列务实管用的治理方式,自治、法治、德治相结合的城乡基层治理体系更加健全。以"自治"凝心聚力,基层治理的内生动力不断激活;以"法治"规范治理,办事依法、遇事找法、解决问题用法、化解矛盾靠法的氛围不断形成；以"德治"春风化雨，健康向上的社会风气不断弘扬……

党的二十届三中全会《决定》提出："坚持和发展新时代'枫桥经验'，健全党组织领导的自治、法治、德治相结合的城乡基层治理体系，完善共建共治共享的社会治理制度。"

前进道路上，持续夯实基层基础，不断提升基层治理效能，必将让人民群众的获得感、幸福感、安全感更加充实、更有保障、更可持续，为推进中国式现代化创造安定团结、和谐稳定的社会环境。

（本报记者 张洋 张天培 《人民日报》2024年09月24日第01版）

我国基本实现"法律明白人"在每个行政村的全覆盖
法治中国根基不断筑牢

近日,一场别开生面的"古村征地拆迁"普法短剧,在江西省抚州市"法律明白人"示范培训班演出,100 余名"法律明白人"现场分析案件,总结如何进一步做好群众工作。从 2015 年起,当地探索开展"法律明白人"培养工作,群众的守法用法意识日益增强,让乡村风气为之一新。

点滴变化,折射出法治中国的坚实步履。如今,实施乡村(社区)"法律明白人"培养工程已被写入全国"八五"普法规划,"法律明白人"工作经验在全国推广,我国基本实现"法律明白人"在每个行政村的全覆盖。

习近平总书记强调:"全面依法治国最广泛、最深厚的基础是人民,必须坚持为了人民、依靠人民""法治建设要为了人民、依靠人民、造福人民、保护人民"。

新中国成立75年来特别是党的十八大以来，我国社会主义法治建设取得历史性成就、发生历史性变革。在习近平法治思想科学指引下，亿万人民的法治信仰日益坚定，中国特色社会主义法治道路越走越宽广，法治中国建设阔步前行。

既解"法结"，又解"心结"
推动形成办事依法、遇事找法、解决问题用法、化解矛盾靠法的良好环境

习近平总书记强调："对各类社会矛盾，要引导群众通过法律程序、运用法律手段解决，推动形成办事依法、遇事找法、解决问题用法、化解矛盾靠法的良好环境。"

在江西省萍乡市芦溪县宣风镇珠亭村，说起"法律明白人"阳昌绍，大家都亲切地称他为"老绍"。

村民说，老绍调解起纠纷来，那真是不偏不倚，公平得很哩！

翻开老绍的记事本，有的是一些调解故事，有的是一些新近学习的法律法规。他说，调解工作不是简单的"磨嘴皮子"，要向当事人提供他们需要的法律服务，既解"法结"，又解"心结"。

日前，一起责任明确的交通事故，因赔偿金额无法达成一致，当事人闹到了法院。

奋进强国路

阳昌绍参与了这起案件的诉前调解，他对照法律法规一条条地普法、一笔笔地算账。"咱们依法依规算出的赔偿，到哪里都不会两样。"阳昌绍让当事人拿着结果去咨询律师，等他们想通了就给他打电话。果然，没多久就等来了当事人信服调解结果、决定撤诉的电话。

在珠亭村，大家都喜欢围着老绍听他讲法律常识、法律故事。如今，家家守法、人人用法成了村里的新风尚，村子还被评为"全国民主法治示范村"。

在芦溪县，交通事故、经济纠纷、邻里矛盾，群众有烦心事，都可以找"法律明白人"说道说道。讲法律、讲道理、讲人情，如果调解成功，大家签一个书面调解书，就能省去一桩官司。

截至目前，我国已培育420多万名"法律明白人"，他们在基层播撒"法治的种子"，让群众的法治观念、法律意识不断提高，"办事依法、遇事找法、解决问题用法、化解矛盾靠法"正成为全社会共识。

法治的根基在人民。2024年至2025年，司法部、全国普法办部署在全国集中开展"1名村（居）法律顾问+N名法律明白人"行动，这将进一步推动法治在广袤乡村落地生根，夯实"中国之治"的法治根基。

"法治建设需要全社会共同参与，只有全体人民信仰法治、厉行法治，国家和社会生活才能真正实现在法治轨道上运行。"司法部普法与依法治理局负责人表示。

当好普法"宣传员"、基层治理"多面手"
弘扬社会主义法治精神，增强全民法治观念，
夯实依法治国社会基础

推进全面依法治国，基础在基层，工作重点在基层。

习近平总书记强调："法治是乡村治理的前提和保障""要坚持把社会治理放在全面依法治国大局中谋划推进，树立法治思维、发挥德治作用，更好引领和规范社会生活，努力实现法安天下、德润人心"。

"村里的道路维修方案都已经通过了，怎么还没有公示""村规民约有些地方还要再完善，可以组织'法律明白人'、党员和村民代表再商量商量"……

一大早，江苏省淮安市淮安区朱桥镇五里村"法律明白人"刘维来到村党总支书记办公室，提醒村务及时公开。

在五里村，"法律明白人"列席村两委会议、村民代表大会，对村级重大决策提出意见建议，监督村级事务。同时，为村民讲解法律法规，引导他们依法维护合法权益。

"通过学法、用法，我现在明白了，动粗耍横是解决不了问题的，解决问题还得靠法！"一名村民感慨道。

在朱桥镇，"法律明白人"充分发挥自己知法、懂法的优势，依托"百姓议事会""村民议事会""庭院议事会"等民主协商途径，不断加强和创新社会治理，全力维护社会和谐稳定。

依法治理是最可靠、最稳定的治理。"要加大全民普法工作力度，弘扬社会主义法治精神，增强全民法治观念，夯实依法治国社会基础。"司法部普法与依法治理局负责人表示。

在贵州省黔南布依族苗族自治州三都水族自治县，中和镇雪花湖社区组建了一支"法律明白人"队伍，他们开展法治讲座，接受法律咨询，提供法律难题解决途径，引导群众运用法治思维和法治方式参与管理社区公共事务，积极构建共建共治共享的基层治理格局。

在山东省济南市章丘区双山街道三涧溪村，当地通过实施"网格＋法治"精细化管理，组织"法律明白人"开展"乡村振兴法治同行""法进家庭、法进村户"等活动，推动民警、法官、律师、人民调解员等各方法治力量进网格，让法治精神在基层落地生根。

在安徽省淮南市，"法律明白人"队伍进村入户了解群众需求，积极参与村规民约制定，推动文明乡风建设，以基层治理精细化不断提升群众的获得感、幸福感、安全感。

放眼神州大地，扎根于基层、活跃在群众身边的"法律明白人"化身普法"宣传员"、基层治理"多面手"，在法治的沃土上辛勤耕耘，书写着一个个基层社会治理的鲜活故事，以"基层之治"夯实"中国之治"。

形成"头雁"带"群雁"的良好局面
推动更多法治力量向引导和疏导端用力，让信仰法治、厉行法治成为全体人民的共同行动

习近平总书记指出："全面推进依法治国，必须着力建设一支忠于党、忠于国家、忠于人民、忠于法律的社会主义法治工作队伍。"

赵建平是河北省定州市高蓬镇钮店社区党支部书记。成为"法律明白人"以来，他通过自学、培训等方式提升法治素养。遇到棘手事，社区居民能听到赵建平从法律角度对问题的剖析。赵建平说，群众遇到纠纷时，往往想到找村（社区）干部评理，把村（社区）两委成员培养成"法律明白人"，能及时把矛盾纠纷化解在基层、解决在诉前。

"村（社区）干部尊法学法守法用法的'头雁效应'越突出，群众法治获得感就越强烈，更有利于形成'头雁'带'群雁'的

奋进强国路

良好局面。"司法部普法与依法治理局负责人介绍,各地注重优化人员结构,将村(社区)两委成员培养成"法律明白人",到2027年,全国"法律明白人"总数将达到500万人左右,村(社区)两委成员中"法律明白人"占比稳步提高。

近年来,各地推动更多法治力量向引导和疏导端用力,因地制宜探索完善"法律明白人"培育工作,不断向更多领域延伸,让信仰法治、厉行法治成为全体人民的共同行动。

从乡村到社区,不断扩大覆盖面,满足城乡基层的现实法治需求。贵州省铜仁市将企业优秀人员、中小学法治教师、安置点楼栋长等群体纳入"法律明白人"培养范围。

从线下到线上,关注新就业形态劳动者群体,着力解决普法难题。云南省从快递员、外卖骑手等新业态劳动者中培育"法律明白人",开展志愿普法活动,带动群众参与法治实践。

以民为本,循法而行。

新征程上,在以习近平同志为核心的党中央坚强领导下,以习近平法治思想为指导,坚持全面依法治国,沿着中国特色社会主义法治道路砥砺前行,必将为以中国式现代化全面推进强国建设、民族复兴伟业提供更加有力保障。

(本报记者 魏哲哲 亓玉昆 《人民日报》2024年09月25日第01版)

从一个博物院、一条中轴线、一场演出看文化传承发展

赓续历史文脉　建设文化强国

陕西宝鸡青铜器博物院内，游人如织。何尊、逨盘等珍贵青铜器，诉说着中华文明的灿烂辉煌。《青铜铸文明——周秦文明之光》展览向观众生动展示青铜文化和历史。

今年9月10日，习近平总书记在陕西宝鸡青铜器博物院考察时指出："中华文明五千年，还要进一步挖掘，深入研究、阐释它的内涵和精神，宣传好其中蕴含的伟大智慧，从而让大家更加尊崇热爱，增强对中华文明的自豪感，弘扬爱国主义精神，把中华优秀传统文化一代一代传下去。"

赓续历史文脉、谱写当代华章。党的十八大以来，文化传承发展呈现出新的气象、开创了新的局面，社会主义文化强国建设迈出坚实步伐，凝聚起强国建设、民族复兴的强大精神力量。

奋进强国路

一个博物院
文脉赓续,加深人们对中华文明的了解

习近平总书记指出:"中华文明源远流长、博大精深,是中华民族独特的精神标识,是当代中国文化的根基,是维系全世界华人的精神纽带,也是中国文化创新的宝藏。"

远远望去,宝鸡青铜器博物院,青铜色的圆形建筑与黄色的高台门阙相结合,体现着厚重的文化底蕴。

在展览"宅兹中国"单元,只展出了一件镇院之宝——何尊。灯光下,只见何尊造型大气、纹饰古朴。慕名而来的观众围在展柜旁,细细欣赏着这件文物。讲解员何瑞雪轻声向观众解说:"何是器物主人的名字,尊是盛酒器。何尊底下刻有铭文'宅兹中国'。这也是最早出现'中国'一词的文物。"

指向一旁图文并茂的展板,何瑞雪继续说:"何尊铭文中的'德',在甲骨文的基础上增加了'心'字底,代表道德的含义。"

"通过参观,我们对青铜的器型、纹饰、文化内涵有了深入了解,孩子们更热爱中华优秀传统文化。"来自浙江金华的观众陈佳说。

宝鸡青铜器博物院院长宁亚莹说,希望通过独具特色的展览,深入挖掘文物内涵,弘扬青铜文化的当代价值,宣传阐释好独树

一帜的青铜文明。

一个博物院就是一所大学校。2023年,全国备案博物馆达6833家,全年举办展览4万余个、教育活动38万余场,接待观众12.9亿人次,"博物馆热"持续升温。

不仅是"博物馆热","考古热""非遗热""汉服热"等方兴未艾。党的十八大以来,文化遗产保护利用传承、非遗保护利用形成热潮,不断激发人们传承弘扬中华优秀传统文化的热情。

批复实施520余项主动性考古项目,90余家考古机构、科研院所与高校的110余支队伍积极参与其中,"考古中国"重大项目不断取得新进展,中华文明发展脉络逐渐清晰。全国设立6700多家非遗工坊,非遗保护传承水平不断提升……人们从悠悠5000多年中华文明中获得滋养,对中华文明悠久历史和宝贵价值的认识不断加深。

一条中轴线
活化利用,中华优秀传统文化绽放光芒

习近平总书记指出:"推动中华优秀传统文化创造性转化、创新性发展,让中华文明的影响力、凝聚力、感召力更加充分地展示出来。"

奋进强国路

来自北京市回民学校的初中生闫家齐骑着自行车，从鼓楼到永定门，挨个"打卡"了北京中轴线沿线建筑。当走进先农坛、登上观耕台，他深深地被古代建筑之美所震撼。打开微信"云上中轴"小程序，他拍摄上传了先农坛的界桩图片，并在巡检报告中写下"一切正常"。"通过参观、参与，我可以反映有没有乱涂乱画、结构破损等情况。我还告诉了很多同学，希望一起保护好北京中轴线。"闫家齐说。

通过线上加入北京中轴线遗产守护人行列，市民和游客化身为"数字打更人"，可以拍照上传北京中轴线建筑和文物巡检报告，在领略历史文化魅力的同时，还能为北京中轴线保护贡献自己的力量。这是"数字中轴"建设的一部分。

今年，历经12年申遗保护之路，"北京中轴线——中国理想都城秩序的杰作"被正式列入《世界遗产名录》。与此同时，"数字中轴"建设系统、完整阐述北京中轴线背后丰富的物理、历史和文化信息，探索中轴线数字资源在多元场景中活化应用。

清华大学国家遗产中心主任吕舟说："数字科技成为一道桥梁，跨越不同文化背景，将北京中轴线的文化瑰宝，创新呈现于世人眼前。"

截至目前，我国世界遗产总数达到59项，居世界前列。我国文化和自然遗产保护利用传承工作，不断在新时代焕发新活力、绽放新光彩，赢得世界关注。

　　这是中华优秀传统文化创造性转化、创新性发展的一个缩影。党的十八大以来，文化建设不断守正创新，以自信开放的姿态推动中华文化走出去，提升国家文化软实力和中华文化影响力。

　　中国民间文学大系出版工程阅读与演习馆·徐州馆开展主题研学活动，中国国家博物馆四羊方尊机甲文创让观众通过亲手组装体验青铜文化，敦煌研究院"寻境敦煌——数字敦煌沉浸展"带来线上知识讲解和线下VR体验……越来越多的文化创新实践，将优秀传统文化和现实生活结合，让人们感受中华优秀传统文化的时代魅力。

　　《只此青绿》《何以中国》《后浪》……越来越多的文艺作品，呈现中华文明浓厚的历史底蕴与文化内涵，描摹绚丽多彩的中华文化，让中华优秀传统文化历久弥新。

　　在继承中发展、在发展中继承，通过在活化利用、传承创新上的持续探索，中华优秀传统文化不断绽放璀璨的光芒。

一场演出
惠民润心，满足人们对美好生活的期待

习近平总书记指出："泱泱中华，历史何其悠久，文明何其博大，这是我们的自信之基、力量之源。"

"你到我家五年长，五年光景梦一场。"在浙江嵊州举办的乡村越剧联赛决赛现场，面对50多名大众评审、上千名观众，来自嵊州三江街道的理发师罗雪洪，唱起越剧《祥林嫂》选段。

第一次面对这么多观众，罗雪洪难免有些紧张。"虽然我是业余演员，但我牢记中国戏剧梅花奖得主陈雪萍对我的指导，很快进入状态，越唱越'走心'。"罗雪洪说。当晚，包括罗雪洪在内的8名"草根"越剧爱好者，在4位中国戏剧梅花奖得主的带领下，登上舞台比拼。几经角逐，罗雪洪最终获得了冠军。

"'村越'面向非专业的大众票友，通过擂台赛的形式，挖掘、培养越剧人才，丰富群众文化生活。"嵊州市委宣传部部长史向俊介绍。

比赛通过线下演出和线上直播，获得了广泛关注，也让罗雪洪从理发师成为"草根明星"。"以前都是自学，通过比赛，我接触了不同越剧流派，唱戏的节奏、台风都进步了很多。"罗雪洪说。如今，罗雪洪跟戏迷朋友一起排演了很多剧目，还参加了第二届

"村越"比赛。

通过"村越"、中国民间越剧节、全国越剧戏迷大会、全国新创越剧大展演等节庆和展演活动，越剧诞生地嵊州让戏曲艺术不断丰富人们的精神生活。截至目前，嵊州有越剧戏迷角近百个，每年在乡村、社区开展活动近3000场，惠及群众62万余人。

党的十八大以来，中华优秀传统文化不断进乡村、进校园、进社区，推动文化惠民、育人、润心，不仅满足了人们对美好生活的期待，增强获得感、幸福感，还增强了人们的精神力量，坚定文化自信。

"文化兴国运兴，文化强民族强。"文化传承发展座谈会的召开，深刻阐述"两个结合"的重大意义，发出"担负起新的文化使命"的时代强音。《中华优秀传统文化传承发展工程"十四五"重点项目规划》《长江文化保护传承弘扬规划》《黄河国家文化公园建设保护规划》等的出台，为文化传承发展保驾护航。传承弘扬中华优秀传统文化的社会氛围，日渐浓厚。中华儿女的志气、骨气、底气，愈加昂扬。

新征程上，根植于深厚的中华文明，推动文化繁荣、建设文化强国、建设中华民族现代文明，必将不断铸就中华文化新辉煌。

（本报记者 王珏 《人民日报》2024年09月26日第01版）

从贵州桐梓县"村晚"火热看文旅融合发展
文旅增色　幸福感增强

广阔乡村，承载多彩文化；文旅融合，抒写美好生活。

习近平总书记指出："文化产业和旅游产业密不可分，要坚持以文塑旅、以旅彰文，推动文化和旅游融合发展，让人们在领略自然之美中感悟文化之美、陶冶心灵之美。"

新中国成立75年来，特别是党的十八大以来，文旅高质量发展迈出新步伐。全国乡村旅游人次从近8亿跃升到30亿，年均增速超过20%，乡村旅游已成长为万亿元级收入规模的新兴产业，文旅融合带动"一业兴、百业旺"。

走进贵州桐梓县，透过"村晚"这扇窗，文化美、旅游旺、百姓富的生动画面徐徐展开。

文旅增色　幸福感增强

乡土情、人文味，点亮旅游市场

习近平总书记在二〇二四年新年贺词中指出："'村超'、'村晚'活力四射"。

9月13日，贵州桐梓县迎来了秋季的第一场"村晚"。方言伴着山歌，非遗走上舞台……游客们和当地村民一道，自编自导自演，欢笑声回荡在山间。

今年6月至8月，在桐梓县九坝镇山堡社区上演的"村晚"接近70场，上演节目2000多个，参演人员超1.5万人次，现场观看人数超30万人次。

山堡社区地处大娄山腹地，常住人口只有3000多人，但今年夏天，游客却超过了6万人。一个小山村怎有如此大能量？答案就在游客中间。

来自重庆市永川区的周开龙老人喜欢唱歌，与当地人一起排练，准备参加周末大联欢。

来自四川的游客刘文英专程坐火车来桐梓看"村晚"："热闹！欢乐！让我觉得很幸福，明年还要带着家人来。"九坝镇政府工作人员何元波介绍，参演节目的都是当地村民和游客。

2023年，文化和旅游部举办全国"村晚"示范展示活动，带动全国组织"村晚"2万余场、参与人次约1.3亿。

党的十八大以来，随着旅游需求大幅增长，个性化的旅游方式更受人们青睐。因一部戏、一场演出、一个展览而奔赴一地的现象越来越普遍，文化和旅游融出新天地、释放新活力。

激活文化资源，增强文化自信

习近平总书记强调："让旅游成为人们感悟中华文化、增强文化自信的过程"。

晚上7点左右，晚会正式开始。村民们争相上台，喊上一嗓子，跳上一小段。游客们听到了苍凉豪放的花秋唢呐，观赏到带着几分神秘感的高桥文昌戏。非遗项目狮溪高腔大山歌，让游客回味良久。

"'村晚'彰显了大家对乡村文化的自信心和自豪感，激发了村民对本土文化的热爱和认同。"桐梓"村晚"活动执行总导演刘超说。

2021年，"村晚"作为全国推广的群众文艺品牌项目被列入《"十四五"公共文化服务体系建设规划》。今年3月，文化和旅游部发布2024年全国"四季村晚"示范展示点名单，共有359个示范展示点入选，比去年增加37个。从一村到万村，"村晚"逐渐走向大江南北。

文旅增色　幸福感增强

在福建福州侯官村，操着地道方言的闽剧曲艺唱腔婉转；在山西临汾泊庄村，锣鼓、舞龙、唢呐等乡村非遗技艺轮番展示……一些曾经濒于湮没的民间传统艺术在"村晚"舞台上重新受到瞩目。

放眼全国，从长城、大运河、长征、黄河、长江国家文化公园建设稳步推进，到"文博+旅游""非遗+旅游"等融合业态提质升级，旅游成为人们感悟中华文化、增强文化自信的重要方式。

释放消费动能，助力乡村全面振兴

晚上9点多，桐梓"村晚"演出结束，广场旁的集市热闹起来。农产品和非遗产品展销区、特色美食街区人头攒动。游客李建斌大包小包，买了方竹笋、蜂蜜等特产。

习近平总书记指出："推动文化和旅游融合发展，打造富民产业。"

随着"村晚"的知名度不断提高，桐梓县农家乐、民宿、夜市生意火爆，农产品销售顺畅。2023年桐梓全县累计接待游客1408.62万人次，旅游综合收入160.3亿元。

"村晚"火热，也悄然改变着村民们的生活方式与精神面貌。

奋进强国路

山堡社区党总支书记张小松介绍："大家齐心协力筹备节目、布置场地、参与演出，形成了良好的人际关系和社会氛围，极大地提升了凝聚力。"

新中国成立以来，中国旅游业从小到大，许多城镇和乡村因旅而美、因旅而富。新时代，"文旅+百业"日益成为具有显著时代特征的民生产业、幸福产业——

在乡村，体验活力四射的"村晚""村超""村BA"，一批热点"村活动"，将乡村文化活动转化为文旅消费活动。1597个全国乡村旅游重点村镇示范引领，农文旅融合发展，拓宽了乡村高质量发展路径；

在县域，露营、研学等新兴旅游形式迅速兴起。全国A级旅游景区的县域覆盖率由2012年的73%提升至2023年的93%，旅游景区有力支撑旅游发展和县域经济发展；

在城市，345个国家级夜间文化和旅游消费集聚区因地制宜发展具有地方特色的夜游产品，夜间文化和旅游消费活力满满……

近年来，各地积极推进文旅深度融合，促进融合业态提质升级，旅游因文化更加丰富，文化因旅游愈发生动，文化和旅游优势互补、产业互鉴效果更加明显。

（本报记者　李卓尔　《人民日报》2024年09月27日第01版）

昂首迈向体育强国

秋日清晨,坚持跑步习惯已有50多年的北京市民李战哲,又开始了新一天的路跑打卡。如今,那条熟悉的10公里打卡路线上,跑友渐多。"这么多人爱上跑步,早些年可真不敢想。"李战哲说。

习近平总书记指出:"体育是提高人民健康水平的重要途径,是满足人民群众对美好生活向往、促进人的全面发展的重要手段,是促进经济社会发展的重要动力,是展示国家文化软实力的重要平台。"

国运兴则体育兴、国家强则体育强。新中国成立75年来,世界不仅见证着中国竞技体育不断勇攀高峰,更通过体育这个窗口看到中国的飞速发展。党的十八大以来,全民健身蔚然成风,竞技体育成绩辉煌,青少年体育生机勃勃,体育产业快速发展,

奋进强国路

我国体育强国建设开创新局面。

一项赛事的升级——
全民健身与全民健康深度融合

习近平总书记强调:"全民健身是全体人民增强体魄、健康生活的基础和保障,人民身体健康是全面建成小康社会的重要内涵,是每一个人成长和实现幸福生活的重要基础。"

虽然参加过很多世界性赛事,李战哲最青睐的还是每年春季在北京举行的长跑比赛——创办于1956年的北京"胜利杯"环城赛跑。60多年来,从"胜利杯"环城赛跑到春节环城赛跑,从春季长跑赛再到北京国际长跑节,从最初只有1450名选手参加到如今每年参与者数以万计……这项赛事记录下群众体育文化的拔节生长。

着装从秋衣秋裤变成专业装备;赛事补给从馒头、米饭变成能量胶、运动饮料以及专业餐食;报名方式从拿着户口本、体检证明现场办,变成手机上动动手指就能轻松完成……多次参赛,李战哲见证着赛事细节的不断升级。

新时代,随着我国将全民健身上升为国家战略并深入实施,全民健身公共服务水平不断提升,全民健身与全民健康深度融合,体育发展成果全民共享，群众的获得感、幸福感不断增强。

建设场地设施让群众"能健身"，科学健身指导让群众"会健身"，丰富赛事活动让群众"健好身"。如今，"15分钟健身圈"举步可达，"农民体育健身工程"广泛覆盖，健身知识日益普及，"三亿人参与冰雪运动"已成现实，"村超""村BA"火热出圈，攀岩、滑板、霹雳舞等项目方兴未艾……大江南北洋溢着群众参与体育运动的热情。

我国经常参加体育锻炼的人数超过5亿，去年底我国人均体育场地面积达到2.89平方米，提前超过"十四五"规划人均2.6平方米的标准……满足人民群众对美好生活向往，全民健身发挥着日益重要的作用。

一位运动员的脚印——
全民体育与竞技体育比翼齐飞

习近平总书记指出："中国式现代化、全民健康是紧密联系的，全民健康就要有全民体育，全民体育才能出强的竞技运动。"

9月11日上午，200余名暨南大学2024级新生代表迎来"开学第一跑"。现场指导同学们热身、带着大家跑步的，是男子100米亚洲纪录保持者、"中国飞人"苏炳添。

奋进强国路

从 2015 年首次突破 10 秒大关，到 2018 年追平亚洲纪录，再到东京奥运会半决赛上登上 9 秒 83 的亚洲之巅，并与队友们一起勇夺中国体育代表团在田径接力项目中的首枚奥运奖牌……苏炳添一步一个脚印，诠释着"中国速度"。

竞技体育与全民体育相辅相成、相互促进。竞技体育的魅力带动全民体育发展，在全民体育中又能够挖掘和培养更多体育人才。

2023 年，面向全民开展的中国田径大众达标系列赛共举办 100 余场赛事，足迹遍布 24 个省份，参赛总人次超过 10 万。2024 年巴黎奥运会首次设置大众马拉松赛事，100 余名中国业余跑者踏上了奥运会的跑道。不停奔跑的脚步，来自每一个热爱体育的人。

全民体育的沃土，孕育更强的竞技体育。2012 年到 2023 年，我国共获得世界冠军 1244 个，创超世界纪录 161 次。北京冬奥会，中国体育代表团获得 9 枚金牌、4 枚银牌、2 枚铜牌，创造我国参加冬奥会的历史最好成绩。刚刚结束的巴黎奥运会上，中国体育代表团勇夺 40 枚金牌、27 枚银牌、24 枚铜牌，取得我国参加夏季奥运会境外参赛历史最好成绩。

"中国体育代表团在巴黎奥运会上取得优异成绩、实现多方面突破，标志着我们在体育强国建设征程上又迈出了扎实的一步，增强了加快建设体育强国的信心,坚定了深化竞技体育改革的决心。"国家体育总局有关负责人表示。

一双跑鞋的"进化"——
体育产业与体育赛事相得益彰

习近平总书记强调:"我们要弘扬中华体育精神,弘扬体育道德风尚,推动群众体育、竞技体育、体育产业协调发展,加快建设体育强国。"

在陕西商洛市丹江公园的健身步道上,一个业余跑团的十几名跑者穿着专业、装备精良,脚上的国产跑鞋分外醒目。跑者龚旭说:"以前随便蹬上一双球鞋就去跑步了,看看现在,我们穿的都是碳板跑鞋。"

一双跑鞋,凝结着科技的进步与产业的提升。如今,中国企业制造的高科技跑鞋已经成为广大健身者的可靠装备,更在国际赛场助力顶级运动员不断突破极限。巴黎奥运会上,从彩色乒乓球台、国产杠铃,到三人篮球、乒乓球项目使用可循环橡胶材料制成的运动地板,多种创新产品进一步提升了中国体育企业形象,更展示了中国科技创新和制造能力。

消费端,体育经济同样显现巨大潜力。今年以来,"体育赛

奋进强国路

事进景区、进街区、进商圈"和"跟着赛事去旅行"两项活动在全社会掀起热潮。今年5月在上海举办的"奥运会资格系列赛",吸引国内外观众4.5万人次,直接经济效益达到6.43亿元。

党的十八大以来,我国体育产业总规模和增加值大幅跃升。2012至2022年,体育产业增加值年均增速达15.4%,占当年国内生产总值的比重从0.60%提升至1.08%。2023年我国主要体育服务贸易进出口总额达到528.9亿元,比上年增长178%。我国已基本形成以竞赛表演、休闲健身为引领,体育场馆服务、体育培训、体育制造、体育传媒等共同发展的体育产业体系。

国家体育总局局长高志丹表示,要把握机遇,继续奋斗,加快群众体育、竞技体育、青少年体育、体育产业、体育文化、体育对外交往等体育各领域全面发展,进一步深化体育管理体制机制改革,努力实现建设体育强国目标,为以中国式现代化全面推进强国建设、民族复兴伟业作出新的贡献。

(本报记者 陈晨曦 巩育华 刘硕阳

《人民日报》2024年09月28日第04版)

基本医保年度参保率稳定在 95% 左右，参保人数超 13.3 亿人
织就世界最大医疗保障网

习近平总书记指出："我们建立全民医保制度的根本目的，就是要解除全体人民的疾病医疗后顾之忧。"

医疗保障是减轻群众就医负担、增进民生福祉、维护社会和谐稳定的重大制度安排。

新中国成立 75 年来特别是党的十八大以来，以习近平同志为核心的党中央坚持以人民为中心的发展思想，持续加强对医保工作统筹谋划，我国医疗保障制度日益健全，建立起全世界规模最大的医疗保障网，群众就医用药负担持续大幅减轻，全民健康水平显著提升。

奋进强国路

医疗保障体系不断完善

习近平总书记强调:"要继续加大医保改革力度,常态化制度化开展药品集中带量采购,健全重特大疾病医疗保险和救助制度,深化医保基金监管制度改革,守好人民群众的'保命钱'、'救命钱'。"

"孃孃,开始交 2024 年的医保费了,提醒一下,免得您忘了。您是村里低保救助对象,个人只要交 95 块,剩下的 285 块由政府帮您交了。"听到提示,四川省洪雅县柳江镇红星村村民王萍马上完成了医保缴费。

2022 年底,年近 60 岁的王萍被诊断为多发性骨髓瘤,治疗费用很高。"当时听到这个消息,感觉天都塌下来了。"王萍说。

2023 年,王萍成功接受手术,先后 8 次住院,医药费花了 11 万多元,基本医疗保险报销近 8.2 万元,大病保险又报销了约 1.4 万元。"看到这个报销结果,我和家人心里的大石头终于落了下来。"王萍说。后来她又申请到了 1 万多元医疗救助资金,"算下来,个人支付了 7000 多元,庆幸自己参加了医保。"

王萍是我国基本医疗保障体系的亿万受益者之一。近年来,我国医疗保障事业坚持制度建设,完善医保体系。稳步提高医保的筹资水平,健全参保长效机制,基本医保年度参保率稳定在

95% 左右，参保人数超 13.3 亿人，基金收支规模稳固；科学确定保障范围和标准，职工医保、居民医保政策范围内住院费用报销比例分别稳定在 80% 和 70% 左右；不断健全基本医疗保险、大病保险、医疗救助三重梯次减负的基本医疗保障制度。数据显示，2023 年，三重制度累计惠及农村低收入人口就医近 1.9 亿人次，减轻医疗费用负担 1883.5 亿元，共有 8020 万名困难群众获得了参保救助。

加强运营管理，守好群众"救命钱"。加强医保基金监管，持续开展飞行检查和专项整治，深化智能监控和大数据应用，推进药品追溯码应用，建立完善举报奖励机制，公开曝光违法典型案件，规范医保基金使用。

医保经办服务提质增效

习近平总书记指出："要健全医保经办机制，创新经办服务模式，推动形成多元化竞争格局，提高基本医保经办服务效率和质量。"

"在北京看病，沈阳医保直接支付，免去了我们先垫付再回沈阳报销的烦恼，太方便了。"首都医科大学宣武医院内，来自辽宁省的 67 岁吴大妈，正准备出院。

奋进强国路

"手术费用共计9.4万元，报销比例超过80%，而且因为办理了异地就医备案，结算时7.9万元由沈阳医保直接支付。"吴大妈拿着报销单据说。

近年来，我国医保经办服务提质增效，聚焦人民群众反映的堵点难点问题，优化医保管理服务，持续健全和完善经办管理服务体系，群众办理医保相关业务更加便捷。

建设并完善全国统一的医保信息平台，实现医保在线结算。医保信息平台目前日均结算量超2800万人次，住院费用结算系统平均响应的时间仅0.8秒，有效缩短群众在医院内排队等候的时间。全国累计已有11.7亿人激活医保码，利用手机或者其他电子设备激活医保码就可以就医看病报销。

开通"跨省通办"医保业务，实现跨省异地就医网上备案和直接结算。住院费用、普通门诊费用和高血压、糖尿病等5种门诊慢特病治疗费用跨省直接结算县域可及，有序扩大跨省直接结算病种范围。2023年，门诊费用跨省直接结算1.18亿人次，住院费用跨省直接结算1125.48万人次。

就医用药更有保障

习近平总书记指出："要探索建立特殊群体、特定疾病医药费豁免制度，有针对性免除医保支付目录、支付限额、用药量等限制性条款，减轻困难群众就医就诊后顾之忧。"

"没有国家医保政策，我的家庭无法负担罕见病治疗费用。"2021年8月，江西省抚州市居民张先生的儿子在上海检查后确诊为法布雷病。

这种罕见病如得不到有效治疗，将危及生命。2020年，治疗法布雷病的特效药由国外引进，在国内获批上市，单价1.2万元每支，如果患者全额自费，按每两周用药一次，每次3支计算，一个月就要花费7万多元，再加上其他治疗费用，一年费用就约百万元。"这么高的医药费，我们无法承受。"张先生说。

2022年1月，治疗法布雷病的特效药经谈判进入国家医保目录，价格降幅超50%。目前，张先生的儿子每两周以住院方式在抚州当地医院用药治疗，全年需要就医26次，总费用约30万元，医保报销70%左右，再加上"抚惠保"等其他保险，可再报销5万元。全年张先生个人自付约4万元。"医保政策给我们全家带来了希望！"张先生说。

近年来，我国通过深化医改，稳步提升医疗保障质量和内涵，在医保基金运行安全的前提下，尽力提升待遇水平，罕见病患者、慢特病患者等特殊群体就医用药更有保障，感受更加温暖。

动态调整医保药品目录，纳入更多新药好药。医保药品目录"每年一调"，及时将符合条件的新药好药新增进入医保目录。发挥医保团购的优势，引导新药价格回归合理。国家医保局整合13亿多参保人的用药需求实施战略购买，完善国家药品谈判准入机制，群众用药的经济负担大大减轻。6年来，累计新调入药品744种，目录内的西药和中成药的数量从2017年的2535种增加到现在的3088种。同时，目录内药品的质量也显著提升，特别是在肿瘤、罕见病、高血压、糖尿病等疾病的治疗领域，很多新机制、新靶点的药物被纳入。数据显示，谈判药品已经惠及参保患者7.2亿人次，叠加谈判降价和医保报销等多重因素，累计为群众减负超过7000亿元。

制度化常态化开展药品耗材集采。国家组织药品集采已开展9批，纳入374种药品，平均降价超50%；国家组织高值医用耗材集采已开展4批，覆盖五大类耗材。药品和医用耗材集采，有效降低了药品和高值医用耗材价格，提高了药械的可及性。

党的二十届三中全会《决定》提出，"推进基本医疗保险省级统筹，深化医保支付方式改革，完善大病保险和医疗救助制度，加强医保基金监管。"

新征程上,坚持深化医保制度改革,推动医保服务高质量发展,织牢织密医保网络,不断增进人民健康福祉,将为中国式现代化筑牢健康根基。

(本报记者 申少铁 孙秀艳 《人民日报》2024年09月29日第02版)

我国人均预期寿命从新中国成立初期的
35 岁提高到 2023 年的 78.6 岁

建设健康中国　保障人民健康

健康是人类的共同追求。一人健康是立身之本，人民健康是立国之基。

习近平总书记指出："现代化最重要的指标还是人民健康，这是人民幸福生活的基础。"

新中国成立 75 年来特别是党的十八大以来，我国医疗卫生事业取得显著成就。人均预期寿命从新中国成立初期的 35 岁提高到 2023 年的 78.6 岁，人民健康水平大幅提升，主要健康指标居于中高收入国家前列。

从一只消失的"小虫"看疾病防控力度

在董家鸿的心中,有一只"小虫"始终挥之不去。他说:"实现肝包虫病清零,是我最大的心愿。"

9月初,中国工程院院士、清华大学附属北京清华长庚医院院长董家鸿再次来到青海省果洛藏族自治州。此次,他依然是为那只"小虫"而来。自2015年起,他带领团队30余次深入青海、西藏等高海拔地区义诊,累计筛查1.8万余人次,开展复杂包虫病手术500余台次。

包虫病是一种人畜共患的寄生虫病,严重威胁人民的生命健康。2018年,四川、云南、西藏、甘肃、青海等省份启动涉藏州县包虫病联防联控工作。"十三五"终期评估显示,我国包虫病流行基本得到控制,全国95%以上的包虫病流行县人群患病率控制在1%以下。

江西省曾是我国血吸虫病流行最严重的省份之一。如今,全省实现血吸虫病传播阻断目标。经过几代人的不懈努力,全国血吸虫病疫情已进入极低流行水平。

公共卫生是全民健康的基石。新中国成立以来,我国消除了一只又一只"小虫"带来的危害,疾病预防控制事业取得巨大成就。疾病预防控制体系不断健全,公共卫生应急能力有效增强。

奋进强国路

2020年全国消除疟疾目标如期实现，2021年通过世界卫生组织消除疟疾认证。继消灭天花和消除丝虫病、脊髓灰质炎、新生儿破伤风、致盲性沙眼之后，我国又消除了疟疾这一肆虐千年的传染病，在中国公共卫生史和全球消除疟疾史上具有里程碑意义。

坚持预防为主、防治结合，实施国家免疫规划。多年来，适龄儿童国家免疫规划疫苗接种率持续维持在90%以上。麻疹、乙脑、流脑等疫苗可预防的多种传染病发病率降至历史最低水平，一大批健康危险因素得到消除或有效控制。5岁以下儿童乙肝病毒感染率控制在1%以下。

建成全球规模最大的传染病疫情和突发公共卫生事件网络直报系统，平均报告时间缩短到4小时以内。在二级及以上医疗机构部署应用国家传染病智能监测预警前置软件，推动实现医防信息互通。建立先进的病原检测方法体系，可以在24小时内确认300余种已知病原体，60小时内有效识别新发病原体。布局哨点医院、病毒变异、城市污水等10个传染病监测系统，开展15种常见呼吸道病原体综合监测，有力支撑传染病疫情预测预警。

开展爱国卫生运动，实施健康中国行动，以较低的成本实现了较高的健康绩效。创建国家卫生城市和国家卫生县1052个，国家卫生乡镇达2637个。居民健康素养水平从2018年的17%提高到

2023 年的 29.7%。2013 年和 2017 年，世界卫生组织分别向中国政府颁发"健康（卫生）城市特别奖"和"社会健康治理杰出典范奖"。

从一台"手术机器人"看医疗技术高度

手术室里，医生轻轻摁下开关键，机器人复位操作启动。仅仅几分钟，一例复杂的骨盆复位手术就完成了。几天后，患者就可以下床走路了。

在创伤骨科领域，骨盆骨折闭合复位被公认为是世界最难的手术之一。"像这名患者这样严重的骨盆损伤，如果没有手术机器人，采用人工复位至少需要四五个小时，最终还有可能失败。"北京积水潭医院副院长吴新宝说。

吴新宝所说的"手术机器人"，就是全球首个"骨盆骨折复位手术导航定位系统"。北京积水潭医院、北京航空航天大学等团队自主研发的这一产品，通过先进的算法，3 分钟即可快速规划复位路径，达成亚毫米级精准闭合复位，让骨盆复位严丝合缝，满足了骨科微创化、智能化、标准化治疗需求。

"如果将四肢骨折比喻为'筷子'断了，那么骨盆骨折则相当于'碗'碎了。盆腔中有大量的神经、血管和脏器，切开手术极易带来其他损伤，闭合手术只有少数专家才能完成。"吴新宝说，目前该系统已在100多例手术中应用。

从传统手术到微创手术，从断肢再植到脑机接口，从子宫内胎儿手术到百岁老人手术……新中国成立以来，我国医疗技术不断迈上新高度，创造了一个又一个医学奇迹。目前，我国产生了一批达到或引领国际先进水平的优势医疗技术，推动了重大疾病诊疗能力的提升。

建成世界上规模最大的医疗卫生服务体系。促进优质医疗资源均衡布局，设置13个类别的国家医学中心，开展125个国家区域医疗中心建设项目，推进建设114个省级区域医疗中心。90%的城乡家庭15分钟内就能到达最近医疗点。

卫生资源总量持续稳步增长，资源利用和服务效率同步提升。医疗卫生机构和床位数量显著攀升。全国卫生人员总数从1949年的54.1万人增加到2023年的1523.7万人。

"互联网+医疗健康"加快发展。全国互联网医院达到3340所，每年提供的互联网诊疗服务量超过1亿诊疗人次。远程医疗协作网覆盖所有市和县。

从一串 51 个家庭的钥匙看健康管理温度

在国家博物馆,一串普通的钥匙静静地躺在展柜一隅。它由 51 把钥匙组成,每把钥匙都有一个温暖的故事。

1999 年秋天,上海市静安区彭浦镇社区卫生服务中心全科团队长、家庭医生严正从患者手中接过第一把钥匙。当时,居民郁先生的妻子突发脑梗,丧失生活自理能力,严正为她量身定制了康复训练方案,每周上门进行推拿、针灸治疗。当时,郁先生也被查出肺癌,经常要去医院化疗,无法照顾妻子。于是,郁先生郑重地把家门钥匙交给严正。

一把、两把、三把……从医近 30 年来,严正收到的钥匙越来越多。无论白天黑夜,只要有人呼叫,他都如约而至,成为居民的"健康管家"。一串钥匙,开启了居民的"健康之门"。

从赤脚医生到乡村医生,从全科医生到家庭医生……新中国成立以来,一代代基层医疗卫生人员成为居民的"健康守门人",见证了从以疾病为中心到以健康为中心的历史性转变。

不久前,"全生命周期六病共管中心"在福建省三明市第一医院生态新城院区揭牌成立。所谓"六病共管",就是对肿瘤、代谢、心脑血管、呼吸、生殖医学、老年医学六大系统疾病进行全生命周期健康管理服务。近年来,三明市完善健康管理中心和疾病管理中心，建立疾病管理师和健康管理师队伍，全方位全周期保障人民健康。

我国坚持以基层为重点，推进分级诊疗，引导优质医疗资源下沉基层。目前，2171个县（市、区）开展了紧密型县域医共体建设，92%的县级医院达到二级及以上医院医疗服务能力，消除了乡村两级医疗卫生机构和医务人员"空白点"。

大力培养全科医生，发展基层卫生人才队伍。全科医生由2015年的每万人口1.38人增加到2023年的每万人口3.99人。建立家庭医生制度，推进家庭医生签约服务。持续推进基本公共卫生服务均等化，免费向城乡居民提供基本公共卫生服务，2024年人均财政补助标准达到94元，将慢性阻塞性肺疾病患者健康服务纳入服务内容。

国家卫生健康委主任雷海潮表示："我们要锚定2035年建成健康中国的目标，实施健康优先发展战略，持续提升人民健康水平，为中国式现代化筑牢健康根基。"

（本报记者 白剑峰 《人民日报》2024年09月30日第11版）

从采砂工变身环保志愿者看生态文明建设
万里河山更加多姿多彩

晨光熹微,湖北省十堰市丹江口库区汉江上游郧阳段,清漂船缓缓行驶。汉江清漂队队长肖安山紧盯水面,将遇到的漂浮物打捞上船。"我们正在清理冲到库区的漂浮物。"肖安山说,以前他在库区从事捕鱼和采砂工作,现在则成了一名环保志愿者。

伴随着许多人从采砂工变身环保志愿者,丹江口库区环境持续向好,折射出我国生态文明建设取得历史性成就,美丽中国建设迈出重大步伐。

新中国成立 75 年来,我国持续探索统筹经济发展和生态环境保护,生态环境综合治理不断取得新成效。党的十八大以来,以习近平同志为核心的党中央把生态文明建设作为关系中华民族永续发展的根本大计,开展了一系列根本性、开创性、长远性的工作,我国天更蓝、地更绿、水更清,万里河山更加多姿多彩。

奋进强国路

深入推进蓝天、碧水、净土三大保卫战，生态环境质量持续改善

习近平总书记强调："良好生态环境是最公平的公共产品，是最普惠的民生福祉。"

"我们喝着库区的水长大，都想用自己的绵薄之力守好家乡的水。"肖安山回忆，前些年，各类基础设施建设对砂石需求量大，一些人以采砂为生，但对库区生态环境造成了破坏。

2019年，当地清理"三无"采砂船舶，规范采砂行为。郧阳区水利和湖泊局相关负责人王维昌说，郧阳区编制一系列规划，砂石采运实现"身份证"式监管，采砂更加科学。此外，为了守好水，十堰市有300多支志愿护水队，注册的志愿者达85万人。

不只是十堰市。近年来，各地区各部门持之以恒打好污染防治攻坚战，深入推进蓝天、碧水、净土三大保卫战，生态环境质量持续改善。

接续实施大气污染防治行动计划、打赢蓝天保卫战三年行动计划、空气质量持续改善行动计划，调整优化产业、能源、运输、用地结构……2023年，全国重点城市PM2.5（细颗粒物）平均浓度30微克/立方米，空气质量达标城市占比约六成。

深入推进大江大河和重要湖泊保护治理，深入推进重点海域

综合治理攻坚，越来越多河流湖泊再现水清岸绿。2023 年，全国地表水水质优良（Ⅰ—Ⅲ类）断面比例达 89.4%，较 2012 年提升 27.8 个百分点，长江干流连续 4 年、黄河干流连续 2 年全线水质保持Ⅱ类。

坚持预防为主、风险管控、水土共治，实施土壤污染源头防控行动，全面禁止"洋垃圾"入境，实现固体废物"零进口"目标。全国受污染耕地和重点建设用地安全利用得到有效保障，农村生活污水治理（管控）率达 45% 以上，人民群众更安心。

坚持山水林田湖草沙一体化保护和系统治理

习近平总书记指出："要坚持以高水平保护支撑高质量发展，筑牢国家生态安全屏障。"

晶莹剔透，形如桃花，丹江口库区近日又一次发现桃花水母。桃花水母对生存环境要求严苛，多次在库区现身，是生态环境质量持续向好的佐证。

丹江口库区生态环境的改善，离不开十堰市坚持山水林田湖草沙一体化保护和系统治理。据介绍，全市 67% 的区域划入水源涵养区生态保护红线区和生物多样性保护红线区，不断健全市、县、乡、村四级河长和支沟分片包干治理体系，2489 条大小河流配齐"管家"。

高水平保护是高质量发展的重要支撑，各地区各部门以高水平保护支撑高质量发展，统筹推进高质量发展和高水平保护。

创造性提出生态保护红线制度，我国将生态功能极重要、生态极脆弱以及具有潜在重要生态价值的区域划入生态保护红线，实现一条红线管控重要生态空间。截至目前，陆域生态保护红线面积占陆域国土面积比例超过30%。

以国家公园为主体的自然保护地体系加快构建，我国正式设立三江源等第一批国家公园，建立各级各类自然保护地近万处，90%的陆地生态系统类型和74%的国家重点保护野生动植物物种得到有效保护。

坚持山水林田湖草沙一体化保护和系统治理，我国在"三区四带"国家生态安全屏障统筹实施52个山水林田湖草沙一体化保护和修复工程，累计生态保护修复治理面积超过1亿亩。我国森林覆盖率达到24.02%，是全球森林资源增长最多和人工造林面积最大的国家。

着力构建绿色低碳循环经济体系

习近平总书记强调:"通过高水平环境保护,不断塑造发展的新动能、新优势,着力构建绿色低碳循环经济体系"。

肖安山介绍,漂浮物每装满一船,就要运到集中处理站,由专门的垃圾清运车运走。今年8月,清漂队迎来第三艘清漂船。"新的清漂船采用自动化运行模式,配备高效的垃圾收集和处理系统,减少了对环境的二次污染。"肖安山说,当地建立"户分类、村收集、镇转运、市处理"垃圾收运处理体系,实现库区清理上来的垃圾快速处理。

守护一库碧水,改变着十堰的生产生活方式。目前,十堰市已关闭转产规模以上企业560家,淘汰水泥、钢铁、纸浆等产能300多万吨,拒批高能耗、高污染的重大项目100多个。同时,培育绿色低碳产业,推动汽车产业向新能源、智能化转型,全市已建、在建或储备的新型电池项目总投资超500亿元。

良好生态环境源源不断地释放绿色红利。水质变好后,许多饮料企业来十堰丹江口市投资建厂。2023年,丹江口市水经济产值达140亿元。

绿水青山就是金山银山,改善生态环境就是发展生产力。截至2024年6月底,可再生能源装机规模达到16.53亿千瓦,占总

> **奋进强国路**

装机的 53.8%；建成全球最大、最完整的新能源产业链；2023 年我国单位国内生产总值能耗、碳排放强度较 2012 年分别下降超过 26%、35%……绿色发展成为高质量发展的鲜明底色。

人不负青山，青山定不负人。坚持以习近平生态文明思想为指导，协同推进降碳、减污、扩绿、增长，加快经济社会发展全面绿色转型，我们将建成青山常在、绿水长流、空气常新的美丽中国，实现人与自然和谐共生的现代化。

（本报记者 寇江泽 吴君 《人民日报》2024 年 10 月 03 日第 02 版）

从一块煤、一座电站、一辆氢能重卡看能源转型
向绿向新，新型能源体系加快构建

能源，工业的粮食，国民经济的命脉，推进碳达峰碳中和的主战场。

习近平总书记指出："加快构建清洁低碳安全高效的能源体系，是我国能源革命的主攻方向。"

新中国成立75年来特别是党的十八大以来，我国能源供给能力不断提升，形成了煤、油、气、核、新能源和可再生能源多轮驱动的多元供应体系，成为世界能源生产第一大国。与此同时，能源结构持续优化改善，新型能源体系加快构建，为经济社会发展提供动力支撑。

"一降一增"，印证变化：原煤占一次能源生产总量的比重，从新中国成立初期的96.3%降低至2023年的66.6%；清洁能源发电量从1978年的446亿千瓦时增加至2023年的3.2万亿千瓦时，

奋进强国路

全社会每消费 3 千瓦时的电就有 1 千瓦时是绿电。

一块浑身是宝的煤炭——
化石能源清洁高效利用

习近平总书记指出,"煤炭产业发展要转型升级,走绿色低碳发展的道路""促进煤化工产业高端化、多元化、低碳化发展"。

走进国家能源集团榆林化工有限公司,塔罐林立、管线纵横,一块块煤炭经过加工变成聚乙醇酸可降解材料,不仅可以制成一次性刀叉、塑料袋等生活用品,还能在医用手术缝合线、骨骼支架材料等高端领域大显身手。

"聚乙醇酸做成骨钉植入人体,能够逐渐降解,解决了传统材料需二次手术取出的问题。"榆林化工科研管理工程师杨学超介绍,与生产传统聚烯烃塑料相比,煤基聚乙醇酸吨产品原料煤耗可降低约 50%,二氧化碳排放可降低约 65%,工业增加值增加 2 至 3 倍,但生产成本接近,兼具市场竞争力和环保效益。

"乌金"蝶变也在乡村温室大棚上演。"以前用敞口钢铁箱储水,时间久了会长出苔藓,水容易变质,新换上的黑色储水罐很好用。"山西朔州市威远镇康平村大棚种植户马宝说。科环国能新材料公司总经理陈学连介绍,企业以煤基交联聚乙烯为材料生产的储水罐，具备重量轻易搬运、耐高温耐腐蚀、抑制苔藓生长等优点。

舒适的氨纶面料，闪点高、无毒无味的厨房新型燃料，零下20多摄氏度仍能正常使用的"极寒柴油"……跳出"挖煤—卖煤"的传统路子，国家能源集团推出更多高附加值、差异化产品，让煤实现了"七十二变"。

锚定绿色低碳方向，煤炭产业高质量发展迈出新步伐。

开采更绿色。保水开采、充填开采、边采边复等绿色开采技术不断拓展，10年来，全国原煤入洗率、矿井水综合利用率、土地复垦率均提高10个百分点以上。

利用更高效。10年来，95%以上煤电机组实现超低排放，电力行业污染物排放量减少超90%。在一些煤电厂，捕集起来的二氧化碳还能用于焊接加工、食品保鲜等。

不只是煤炭。能源清洁高效利用的探索还有很多：涮完火锅、做完炸鸡剩下的餐饮废油，成为国产大飞机的航空燃料；从下水道和污水处理厂收集的污泥，烘干后与煤炭掺烧发电……依托技术创新，废弃物得到资源化利用，能源供给更加多元化、清洁化。

奋进强国路

一座治沙增绿的电站——
可再生能源替代稳步推进

习近平总书记指出:"能源建设不能光靠传统产业,要大力发展新能源、清洁能源,努力实现碳达峰碳中和,建设绿色中国。"

乌兰布和沙漠边缘,占地8000亩的光伏电站里,70多万块光伏板有序排列。板上发电,板间种植苜蓿、沙蒿等防沙植物。

"光伏板能够降低风速、减少水分蒸发,适合植物生长。我们种植了防沙植物和百米宽的防护林,场区植被覆盖率从7%提升至80%左右。"国家电投北京公司磴口光伏电站副站长安迪森介绍,治沙增绿的同时,光伏板蒙尘减少,能够提高发电效率。

从2020年开始,内蒙古巴彦淖尔市磴口县先后引进了10余家光伏企业,光伏装机全部建成后可完成生态治理35万亩,年均新增发电量230亿千瓦时以上。

我国风能、太阳能资源丰富。从海上到陆上,从平原到高原,从建筑屋顶到田间地头,风机迎风转动、光伏板熠熠生辉,农光互补、渔光互补、牧光互补等"光伏+"新模式持续推广:东南沿海,首个超大单机容量海上风电场——三峡集团漳浦二期海上风电场并网发电,首次批量应用6台16兆瓦风机,与8兆瓦风机相比可减少用海面积约三成;青藏高原,华电西藏才朋光储电站二期开工建设，海拔达 5220 余米，刷新全球光储电站高度纪录……

截至 2023 年底，我国风电、光伏发电装机规模较 10 年前增长 10 倍，新增清洁能源发电量占全社会用电增量一半以上。2024 年，新能源发电装机规模首次超过煤电，实现历史性跨越。

装机规模持续增长，新能源产品的市场竞争力也在大幅提升，研发设计和集成制造体系更加完备。

"物更美"。高效晶体硅、钙钛矿等光伏电池技术转换效率多次刷新世界纪录，风电的长叶片、高塔架等技术处于国际领先水平。

"价更优"。国际可再生能源署的报告显示，过去 10 年间，全球风电和光伏发电项目平均度电成本分别累计下降超过 60% 和 80%，这其中很大一部分归功于中国的贡献。

"中国依托持续的技术创新、完整的产业链供应链体系、充分的市场竞争、超大规模市场，实现了新能源产业快速发展，也推动了全球风电和光伏发电成本大幅下降。"国家能源局有关负责人说。

奋进强国路

一辆用上氢能的重卡——
技术创新促进能源转型

习近平总书记指出,"推动绿色低碳技术重大突破""发展高效安全储能和碳捕集技术,推动氢能技术发展和规模化应用"。

"加满氢可以行驶约600公里,续航比电动重卡远,适合跑长途,驾驶体验比较平稳、噪声小。"在中国石化北京安固加氢站,司机尚师傅只用十几分钟,就为载重49吨的重卡充满了氢。今年4月,我国最长的氢能高速——京沪氢能走廊首次完成千里跨区域运输测试。

氢燃料电池系统是氢能重卡应用的关键一环。随着关键核心技术突破,氢燃料电池系统成本从2020年前的每千瓦约1.5万元,降低至每千瓦两三千元,助力氢能汽车市场应用普及。

氢能技术加快发展的同时,先进储能技术的规模化应用也在持续推进,助力平衡电网供需。

走进浙江哲丰新材料有限公司,储能电池柜整齐排列。这座单一用户侧铅碳储能电站,相当于一个"充电宝",低谷时段充电、高峰时段放电,利用峰谷价差,每年可帮助企业节约电费约6000万元。"铅碳储能具有大比热容和快速冷却等优点,能够更有效地控制电池温度,安全性较高。"国网衢州供电公司科技数字化部副主任华晓介绍。

在广东佛山，南方电网宝塘电网侧独立电池储能站内，聚焦热管理、结构连接、电池性能等三大领域，多条储能技术路线"打擂台"比拼，为新型储能规模化发展遴选最优方案。2023年，我国新型储能新增装机规模约2260万千瓦/4870万千瓦时，是"十三五"末装机规模的近10倍。

勠力创新，抢抓先机。全面掌握"华龙一号""国和一号"等大型三代压水堆和高温气冷堆第四代核电技术，"玲龙一号"小型压水堆示范工程开工建设，智能电网技术水平处于世界前列……新时代中国，加快推进能源领域高水平科技自立自强，能源技术及其关联产业成为新的经济增长点。

能源转型是一场广泛而深刻的经济社会系统性变革，是一项长期的战略性任务。"能源系统将继续筑牢安全降碳基础、加大非化石能源供给、推动消费侧节能降碳、加强绿色低碳技术创新和国际合作，推动能源低碳转型和高质量发展。"国家能源局有关负责人说。

（本报记者 丁怡婷 《人民日报》2024年10月04日第01版）

谱写强军兴军新篇章

强国必须强军,军强才能国安。

习近平主席指出:"实现中华民族伟大复兴,是中华民族近代以来最伟大的梦想。可以说,这个梦想是强国梦,对军队来说,也是强军梦。"

新中国成立75年来,英雄的人民军队紧跟党和人民事业发展步伐,在战斗中成长,在继承中创新,在建设中发展,革命化现代化正规化水平不断提高。

党的十八大以来,在以习近平同志为核心的党中央坚强领导下,人民军队实现整体性革命性重塑、重整行装再出发,国防和军队建设取得历史性成就、发生历史性变革。

"实现强军目标的基础在基层,活力也在基层。""推进强军事业,基层大有可为。"从一支支部队建设、发展的生动实践,可以感受到人民军队焕然一新的风貌，可以聆听到全军官兵向着实现建军一百年奋斗目标勇毅前行的铿锵足音！

听党话、跟党走的思想根基越筑越牢

习主席强调："前进道路上，人民军队必须牢牢坚持党对军队的绝对领导，把这一条当作人民军队永远不能变的军魂、永远不能丢的命根子，任何时候任何情况下都以党的旗帜为旗帜、以党的方向为方向、以党的意志为意志。"

"'红一连'官兵换了一茬又一茬，荣誉却不断茬，秘诀是啥？"陆军第83集团军某旅"红一连"所在旅领导表示，"答案，就刻在连队铁心向党的政治基因里。"

1927年9月，"三湾改编"时，"红一连"建立了党支部，开创了我军"支部建在连上"的先河。"支部建在连上"，保证了党对人民军队的绝对领导在基层落地生根。

历经岁月积淀，听党话、跟党走已深深融入官兵的血脉，成为"红一连"最鲜亮的底色。

"支部就是铁拳头，党员都是刀尖子。"连队主战装备全部换装，党支部提出"驾驭新装备，支委当尖兵"战斗口号。他们白天练技能、晚上搞推演，在全旅囊括所有课目桂冠。在"红一连"，

奋进强国路

党支部"一班人"和党员骨干时时处处发挥着标杆、旗帜作用。每名党员都有训练等级证书，人人精通连属武器。

党的十八大以来，"红一连"深入贯彻习近平强军思想，践行初心使命、勇当强军先锋，3次参加阅兵接受党和人民检阅，4次参加全军重大演训任务取得出色成绩。

"历史接力棒传到我们这一代，我们一定会把听党话、跟党走的政治基因融入骨子里，不断续写英雄的荣光！""红一连"政治指导员刘文涛说。

军魂永不变，军旗永向党。

党的十八大以来，党对军队绝对领导的根本原则和制度在坚守中赓续、在传承中完善。《关于全面深入贯彻军委主席负责制的意见》《中国共产党军队党的建设条例》等重要政策法规陆续出台，扎实开展党史学习教育、学习贯彻习近平新时代中国特色社会主义思想主题教育……广大官兵坚持不懈用习近平新时代中国特色社会主义思想凝心铸魂，听党话、跟党走的思想根基越筑越牢。

信仰之光，点亮强军征程。人民军队在党的旗帜下奋斗强军，拥有更加坚定的思想引领，拥有更加昂扬的精神风貌。

大力发展新型作战力量和手段

习主席强调:"要大力发展新型作战力量和手段,把握新质战斗力建设特点规律,推动新装备新力量加快形成实战能力。"

初秋时节,南海某海域,海军山东舰如出鞘利刃,划开一望无际的海面,劈波向前。航母编队正开展编队协同及指挥训练。

放眼辽阔海疆,海上战舰巍巍,空中战机轰鸣。演习警报响起,多架战机接连从山东舰上紧急升空,编队属舰快速机动变化战斗队形,各单元密切协同、默契配合,在远海大洋上锤炼实战本领。

飞行员谭志勇精细操纵,不断调整战机姿态,逐渐向航母靠近。随着"砰"的一声,战机尾钩成功挂上了第二道阻拦索,精准降落在航母甲板。

实现"舰、机、人"的高度融合,是航母编队形成体系作战能力的重要标志。着舰指挥官罗胜科说:"通过训练,飞行员心态更稳定,空间态势感知更强,与我们配合的默契度更高了。"

出航即出征。山东舰领导表示:"作为我国自主设计、自主配套、自主建造的第一艘国产航母的指挥员,我们要更新思想观念,大胆创新探索新型作战力量建设和运用模式,充分解放和发展新质战斗力。"

巨舰擎梦,亮剑深蓝。

奋进 强国路

2012年9月25日，我国首艘航母辽宁舰交付海军；2019年12月17日，第一艘国产航母山东舰交接入列；2022年6月17日，我国第一艘电磁弹射航母福建舰下水；2024年4月，福建舰系泊试验顺利推进，时刻准备向着深蓝挺进……人民海军迎来转型发展史上一个又一个里程碑。

这是量的递增，更是质的升级。新时代以来，国产航空母舰入列、新型战机入列、新型潜艇入列、新型导弹入列……人民军队紧盯科技之变、战争之变、对手之变，成果不断刷新。

新体系、新装备、新战法，人民军队胜战底气更加充盈。

锤炼能打仗打胜仗的过硬本领

习主席强调："要扭住能打仗、打胜仗这个强军之要，强化官兵当兵打仗、带兵打仗、练兵打仗思想，牢固树立战斗力这个唯一的根本的标准，按照打仗的要求搞建设、抓准备，确保部队召之即来、来之能战、战之必胜。"

"敢打必胜，敢为人先，敢于担当！"在空军航空兵某旅"王海大队"营区主干道旁，矗立着一块巨石，上面刻着12个遒劲大字。

"王海大队"杨俊成说，"敢"字石象征着大队官兵做顶天立地人、干开拓创新事的精神特质。

超气象条件下执行作战任务先例，探索形成飞行训练大纲规范，蹚开航空兵部队训练模式改革新路……翻看"王海大队"的发展历史，每一次改装的背后都写满了"敢"字。

前不久，西北大漠，一枚信号弹划空而过，"王海大队"飞行训练拉开战幕。

"起飞！"随着塔台指挥员一声令下，数架战机依次滑出、接续升空。飞行员胡新稳定操控飞机，成功规避"敌"雷达搜索，迅速抵近靶区，一气呵成完成打击。

杨俊成说，这次飞行训练，面对复杂电磁环境和逼真靶机目标，我们更加注重体系融合，在精准攻击目标的同时，探索形成多套战术战法，不断锤炼能打仗打胜仗的过硬本领。

作为空军首批改装歼—20战机的作战部队，"王海大队"肩负着先行探路的重大责任，时刻保持拼搏进取的奋斗姿态。2016年，大队飞行员驾机护航我轰炸机顺利前出；2022年，大队飞行员驾驶歼—20战机在加油机支撑保障下创下新的纪录……新时代的"王海大队"勇担使命、精武强能，飞出一条条崭新的战斗航迹。

这是新时代全军官兵聚焦练兵备战、锤炼打赢能力的缩影。

人民军队永远是战斗队，人民军队的生命力在于战斗力。陆军大力开展高原、岛屿驻训演习，海军持续强化海上突击、反潜、两栖等作战行动实案化演练，空军大胆创新自由空战训练，火箭

奋进强国路

军不断深化导弹部队随时能战训练……全军各级强化练兵备战鲜明导向，不断锤炼能打仗打胜仗的过硬本领，锻造召之即来、来之能战、战之必胜的精兵劲旅。

党的二十届三中全会强调，必须坚持党对人民军队的绝对领导，深入实施改革强军战略，为如期实现建军一百年奋斗目标、基本实现国防和军队现代化提供有力保障。

蓝图已经擘画，奋进正当其时。人民军队正沿着中国特色强军之路，向着建成世界一流军队阔步前进！

（本报记者 金正波 李龙伊 《人民日报》2024年10月05日第01版）

唯一将和平发展写入宪法和执政党党章、上升为国家意志的大国
为维护世界和平稳定贡献中国力量

当地时间9月6日，大西洋本戈湾畔，晚风拂过安哥拉罗安达港。一声响亮的婴儿啼哭从正在执行"和谐使命—2024"任务的中国海军"和平方舟"号医院船上传来，安哥拉首位"和平宝宝"诞生了。

产妇索尼娅·俐玛的丈夫激动不已。"我们决定给孩子取名安德烈·和平。"他说，这既是为了纪念孩子出生在"和平方舟"上，也是对安中友谊地久天长的美好祝愿。

破浪前行的"和平方舟"号医院船，是中国军队为了和平走向世界、服务构建人类命运共同体的生动缩影。中华民族是爱好和平的民族，中华文明具有突出的和平性，中国式现代化是走和平发展道路的现代化。

"我们将始终坚持维护世界和平、促进共同发展的外交政策

宗旨，弘扬全人类共同价值，倡导平等有序的世界多极化、普惠包容的经济全球化，推动落实全球发展倡议、全球安全倡议、全球文明倡议，积极参与全球治理体系改革和建设，推动构建人类命运共同体。"9月30日，习近平主席在庆祝中华人民共和国成立75周年招待会上的讲话铿锵有力。

优良作风，传递和平与友善

南苏丹西加扎勒河州瓦乌地区，一座蓝白色调、砖混结构的建筑庄严肃穆。这是一座以中国维和警察名字命名的派出所——"东兴派出所"。

"用孙东兴的名字命名，是我们表达感激的方式，以此歌颂两国友谊。"瓦乌市警察局局长阿布德·约翰逊说。

2008年，孙东兴被派往瓦乌地区执行维和任务。当地的"可荣果"派出所年久失修，无法使用。面对当地官员的恳请，他筹措经费，找施工队，购买材料、设计、监工，将派出所修葺一新。

16年来，"东兴派出所"向当地人传递着中国的和平与友善。今年5月，维和警察陈波冲来到南苏丹，作为中国第十支赴联合国南苏丹任务区维和警队一员担任瓦乌战区警察行动部门执勤官。他说："'东兴派出所'是中非情谊的实证。我们要在国际舞台展现中国警察的优良作风,为中非友谊添砖加瓦。"

"中国一直是和平的使者,帮助南苏丹维护社会稳定,我很感谢中国。"南苏丹西加扎勒河州警察厅高级警官孔·梅尔·阿约克说。

新中国成立75年来,中国始终坚持走和平发展道路,始终是维护世界和平的坚定力量。中国是世界上唯一将和平发展写入宪法和执政党党章、上升为国家意志的大国,是联合国安理会5个常任理事国中唯一承诺不首先使用核武器的国家,还是派遣维和人员最多的安理会常任理事国、联合国第二大会费国和维和出资国。参加联合国维和行动30多年来,5万余人次中国军人和2700余人次中国警察前赴后继,足迹遍布20多个国家和地区。

联合国秘书长古特雷斯表示,中国的和平发展是人类历史上的崇高事业,有利于全人类的和平和进步。

推动和解,以公心维护正义

7月下旬,北京。巴勒斯坦14个派别走进人民大会堂大厅,共同签署《关于结束分裂加强巴勒斯坦民族团结的北京宣言》,成为推动解决巴勒斯坦问题、实现中东和平稳定的重要一步。

在签署仪式上，巴勒斯坦民族解放运动（法塔赫）副主席马哈茂德·阿鲁勒说："中国是一道光。中国所作的努力在国际舞台上是罕见的。"

"中国在巴勒斯坦问题上没有私利，中方关心的是道义，呼吁的是正义。"忆及签署宣言时的情景，巴勒斯坦人民斗争阵线秘书长艾哈迈德·马吉达拉尼对中方的公正立场印象深刻。

习近平主席指出："历史和现实告诉我们，各国必须共担维护和平责任，同走和平发展道路，共谋和平、共护和平、共享和平。"

2014年5月，习近平主席提出共同、综合、合作、可持续的新安全观。2022年4月，习近平主席立足人类前途命运，郑重提出全球安全倡议。全球安全倡议明确回答了"世界需要什么样的安全理念、各国怎样实现共同安全"的时代课题，为人类社会通往持久和平和普遍安全指明了方向和路径。

行大道，得人心。截至目前，全球安全倡议已经得到100多个国家、国际地区组织的支持赞赏，倡议及其核心理念写入90余份中国与其他国家、国际组织交往合作的双多边文件，成为具有全球影响力的国际共识。

中国坚定维护国际关系基本准则，维护国际公平正义，始终根据事情本身的是非曲直决定自己的立场和政策，尊重各国主权和领土完整，反对一切形式的霸权主义和强权政治。

中国与各方发挥联合国平台作用，推动上海合作组织、金砖合作、亚洲相互协作与信任措施会议等机制下的安全合作，持续打造北京香山论坛、全球公共安全合作论坛（连云港）等国际安全对话交流平台，并在反恐、警务执法、网络安全、新兴科技、气候变化等领域搭建国际交流合作平台和机制。针对乌克兰危机、巴以冲突、阿富汗问题等专门发布立场文件；成功促成沙特和伊朗和解……

尼日利亚总统提努布表示，中国是维护全球和平与稳定的强大力量，致力于通过对话协商解决冲突。塞舌尔总统拉姆卡拉旺表示，全球安全倡议和中国提出的一系列重大全球性倡议，为人类在多边主义机制下实现和平、相互尊重、互利共赢提供有益启迪。

清除雷患，以安全促进发展

"3，2，1，起爆！"随着几声巨响，7枚未爆弹在柬埔寨王家军多国维和部队培训学校附近的后山被成功排除。

植被茂密、灌木丛生，这片柬埔寨内战时期遗留下来的雷区，也是在柬执行"纯净家园—2023"多国联合扫雷行动的中方任务分队官兵的工作区域之一。

柬埔寨是全球雷患最严重的国家之一。自1999年以来，中国通过举办扫雷培训班、捐资、提供探扫雷器材以及派专家现场指导等方式，累计帮助柬方清扫雷区逾100平方公里，发现（掘）地雷近7.8万枚，惠及超过150万当地民众。

"我们村的地雷基本被清除，人们可以安全地过日子了！"暹粒省克瓦村村民利萨雷德高兴地说。

习近平主席指出："贫瘠的土地上长不成和平的大树，连天的烽火中结不出发展的硕果。"和平与发展相互依存。没有和平，世界不可能顺利发展；没有发展，世界也不可能有持久和平。

在不久前举行的2024年中非合作论坛北京峰会上，中方宣布帮助非洲提升自主维护和平稳定的能力，提出"安全共筑伙伴行动"，推动全球安全倡议率先在非洲落地，促进高质量发展和高水平安全良性互动，共同维护世界和平稳定。

修道路、建电站、办工厂……在伊拉克、巴基斯坦等国，中国援助或中企承建的一大批兼具经济和社会效益的项目顺利落地，正从根本上消除动荡根源，不断增强维护世界和平的国际力量。

中国坚定站在历史正确的一边、站在人类文明进步的一边，高举和平、发展、合作、共赢旗帜，在坚定维护世界和平与发展中谋求自身发展，又以自身发展更好维护世界和平与发展。中国力量每增长一分，世界和平希望就增多一分。

（本报记者黄炜鑫、沈小晓、刘慧参与采写）

（本报记者 于景浩 俞懿春 《人民日报》2024年10月06日第01版）

成为150多个国家和地区的主要贸易伙伴，对外直接投资连续12年居全球前三

引领开放合作潮流的中坚力量

习近平主席指出："回顾历史，开放合作是增强国际经贸活力的重要动力。立足当今，开放合作是推动世界经济稳定复苏的现实要求。放眼未来，开放合作是促进人类社会不断进步的时代要求。"

中国坚持对外开放的基本国策，坚定奉行互利共赢的开放战略。特别是党的十八大以来，中国不断扩大高水平对外开放，以高水平开放促进深层次改革、推动高质量发展，不断拓展中国式现代化的发展空间，不断以中国新发展为世界提供新机遇。

中国已成为150多个国家和地区的主要贸易伙伴，货物贸易总额连续7年居全球第一；2023年，中国实际使用外商直接投资1633亿美元，保持全球第二大外资流入国地位；2023年，中国对外直接投资流量1772.9亿美元，占全球份额的11.4%，连续12

年居全球前三。

联合国贸易和发展会议秘书长格林斯潘表示："中国倡导开放贸易，坚信贸易和投资对发展的贡献，是20世纪和21世纪发展的一个非常重要的典范。"

吸引外资——
"继续投资中国是自然而然的选择"

9月4日，德国梅赛德斯—奔驰集团董事会主席康林松到访中国，宣布计划与中国合作伙伴共同在华投资超140亿元。这是康林松今年第四次访问中国。

频频访问的背后，是奔驰在华收获的一系列亮眼成绩单——2023年，奔驰乘用车在中国市场的销量约占其全球总销量的35%以上；上海研发中心成为其全球研发网络中规模增长最快的团队，奔驰本土研发全面进入"以中国创新，领全球风潮"的新阶段。

"过去20多年，奔驰携手本土合作伙伴在中国取得了巨大的成功。随着我们在中国的发展步入新阶段，继续投资中国是自然而然的选择。"康林松说。

中国深入推进高水平制度型开放，全面实行外商投资准入前国民待遇加负面清单管理制度，全面取消制造业领域外资准入限制措施，有力强化知识产权保护，打造市场化、法治化、国际化一流营商环境，持续吸引跨国公司加码投资中国。

许多工商界人士认为，中国已经成为最佳投资目的地的代名词。商务部近期发布的数据显示，今年1至8月，中国新设立外商投资企业36968家，同比增长11.5%。

一站式办理实现建厂"一天发五证"——

去年9月，总投资20亿元的太古可口可乐苏州项目在江苏昆山开发区开工建设。开工当天，企业仅用一天时间就集齐了不动产权证书、建设用地规划许可证等五证。感受到当地营商环境的持续优化，太古可口可乐相关负责人党建说："好项目必须要落在好地方！"

一次专利保护带来近90亿元人民币增资——

"专利得到保护，坚定了我们在华投资的决心。"生物制药企业阿斯利康全球执行副总裁王磊表示。2022年5月，中国国家知识产权局对阿斯利康一个重要产品的两项制剂专利作出维持专利权有效的决定。此后，阿斯利康陆续在华增资近90亿元人民币。

扬帆出海——
"在与中国伙伴的合作中获得更多发展机遇"

重量只有1.1千克，轻巧便携——在今年9月举行的2024年柏林国际消费电子展上，极米科技股份有限公司的一款最新产品备受青睐，被欧洲影音协会评为2024"最佳便携式投影"。

2013年企业成立，2016年便在美国硅谷成立首个海外办事处，这家诞生于四川省成都市的中国企业始终关注国际市场。如今，极米产品已覆盖100多个国家和地区，建起7个海外仓。2023年，极米在全球家用投影市场出货量份额达到6.5%，排名靠前。

中国经济要发展，就要敢于到世界市场的汪洋大海中去游泳。改革开放以来，越来越多中国企业扬帆出海，积极参与国际分工和市场竞争。截至2023年底，中国境内投资者共在189个国家和地区设立境外企业4.8万家，境外企业覆盖全球超过80%的国家和地区。

一辆新能源汽车开启低碳绿色生活——在泰国，比亚迪投资4.9亿美元新建包含整车四大工艺和零部件工厂。7月4日，比亚迪第800万辆新能源汽车在该工厂下线。泰国工业部部长萍帕拉·威猜昆表示，中国车企投资泰国，将推动泰国乃至东盟的新能源汽车产业发展。

奋进强国路

一部智能手机让更多人触及互联网——在尼日利亚，传音手机把中国创新和中国技术带到当地，还与联合国儿童基金会合作，为服务尼日利亚偏远地区儿童的数字教育平台提供支持，助力非洲实现数字化转型。

一个经贸合作区带来智能物流解决方案——在匈牙利，中欧商贸物流合作园区下的瓦茨电商智能仓项目即将投入运行，项目将带动约200人就业，为匈牙利培养智能仓储人才。园区首席执行官高索·巴拉兹说："园区的许多客户都在与中国伙伴的合作中获得更多发展机遇。"

从基础设施、能源、工业等传统领域到跨境电商、智能物联网、绿色出行等新业态，中国企业顺应高端化、智能化、绿色化潮流，积极培育和发展新质生产力，将新技术和新产品带向全球市场。

"中国对外开放政策是真正的合作共赢，全球都是受益者。"巴基斯坦智库全球丝绸之路研究联盟创始主席泽米尔·阿万表示。

合作共赢——
"我要带着这些咖啡去中国参加进博会"

乌干达东部，埃尔贡山，大片的咖啡树郁郁葱葱。又一个咖啡收获季到了。

要打通德乌斯·努瓦加巴的电话很不容易，这位乌干达咖啡农组织首席运营官最近一直在山里的咖啡农场，忙着新一季咖啡豆的收购和销售。

"今年我要带着这些咖啡去中国参加进博会。"努瓦加巴说。今年11月，第七届进博会将为35个最不发达国家的企业提供免费展位，以推动这些国家的特色产品进入中国市场。

举办进博会是中国主动向世界开放市场的重大举措，也是中国推动建设开放型世界经济、倡导普惠包容的经济全球化的实际行动。把开放的蛋糕做大，把合作的清单拉长，中国在开放合作中实现自身发展，为全球经济稳定和繁荣作出贡献。

壮大自贸"朋友圈"——中国已与29个国家和地区签署22个自贸协定，占中国对外贸易总额的1/3左右；深化区域经贸合作——中国坚持高水平实施《区域全面经济伙伴关系协定》，主动对接《全面与进步跨太平洋伙伴关系协定》和《数字经济伙伴关系协定》等国际高标准经贸规则；推进高质量共建"一带一路"——中国已与150多个国家、30多个国际组织签署200多份共建"一带一路"合作文件……

中共二十届三中全会对完善高水平对外开放体制机制作出部署，提出稳步扩大制度型开放、深化外贸体制改革、深化外商投资和对外投资管理体制改革、优化区域开放布局、完善推进高质

奋进强国路

量共建"一带一路"机制。国际人士认为，中国将释放更多开放合作红利，为各国带来更加广阔的市场机遇、投资机遇、增长机遇，同各国更好实现彼此成就、共同发展。

开放的故事仍在继续书写——

10月底，极米将携最新产品亮相巴黎音响展，继续为欧洲消费者带去中国的创新产品；

11月初，努瓦加巴将启程飞往上海，在第七届进博会上为乌干达咖啡找到更多市场机会；

明年起，奔驰将陆续投产3款为中国市场打造的专属车型，设在中国的研发中心将为全球提供研发创意……

中国式现代化在改革开放中走到今天、融入世界，也必将在全面深化改革中开辟广阔前景，助力世界现代化，让各国人民共享发展成果。

（本报记者黄炜鑫参与采写）

（本报记者 侯露露 白紫微 《人民日报》2024年10月07日第01版）

提出系列全球倡议，推动构建人类命运共同体
为全球治理体系变革完善提供中国方案

当下，世界之变、时代之变、历史之变正以前所未有的方式展开。面对层出不穷的全球性挑战，单打独斗行不通，必须开展全球行动、全球应对、全球合作。

75年风雨兼程，中国外交始终胸怀天下，立志为人类谋进步、为世界谋大同。新时代以来，中国践行共商共建共享的全球治理观，为全球治理体系变革完善提供方案、注入动力，携手国际社会共迎挑战、共创未来，朝着构建人类命运共同体的光明目标不断迈进。

奋进强国路

胸怀天下,凝聚应对挑战广泛共识

2013年3月,习近平主席在莫斯科国际关系学院发表重要演讲,首次提出构建人类命运共同体重要理念。作为演讲现场的翻译,莫斯科国际关系学院教授阿列克谢·阿列克萨欣见证了这一历史时刻。

习近平主席发表的题为《顺应时代前进潮流 促进世界和平发展》的演讲,是阿列克萨欣授课时常讲常新的文本,启迪着学生们对世界未来的思考。

"这场对世界长远发展具有深远影响的演讲,我永远难以忘记。"阿列克萨欣说,10多年来的事实充分表明,构建人类命运共同体理念反映人类共同福祉,为维护世界和平发展、推动人类文明进步指明了方向。

直面时代挑战,回答世界之问,这是中国一以贯之的担当。从首倡和平共处五项原则,到坚定倡导世界多极化、国际关系民主化,再到提出构建人类命运共同体理念,中国积极为完善全球治理贡献智慧。

今年7月,全球共享发展行动论坛第二届高级别会议在北京举行。会议期间,一场别开生面的电商直播引发关注。佛得角、巴基斯坦、泰国等多国代表走进全球发展数字经济电商直播间,推荐本国特色产品和文旅项目。直播持续 12 小时，推荐 60 余种特色商品，累计观看人次超过 3300 万。

佛得角外交与合作国务秘书维埃拉说，与会各国代表共迎挑战、携手共进的决心令人印象深刻，全球发展倡议对于推动国际合作、实现可持续发展具有重要意义。

新时代以来，以推动构建人类命运共同体为行动方向，中国先后提出共建"一带一路"倡议、全球发展倡议、全球安全倡议、全球文明倡议等，为因应时代挑战凝聚广泛共识，提供合作平台。

中国倡议顺应时代潮流、契合各国需求，合作硕果不断涌现。"一带一路"合作从亚欧大陆延伸到非洲和拉美，150 多个国家、30 多个国际组织签署共建合作文件；全球发展倡议框架下已开展 1100 多个项目，全球发展项目库已实施超过 600 个项目；全球安全倡议研究中心今年 7 月成立，倡议 20 个重点合作方向取得实打实成果；构建全球文明对话合作网络不断推进，国际人文交流合作持续加强……

法国前总理拉法兰表示，在当前全球治理遇到障碍、且常常失衡的背景下，中国致力于提出新的思路和倡议是正确的，合作多一些，紧张局势就会少一些。

尽责担当，坚定维护践行多边主义

9月23日，为期两天的联合国未来峰会闭幕。会议通过了描绘世界未来发展蓝图的《未来契约》，旨在改革国际治理体系，振兴多边主义，以更好应对世界面临的诸多挑战。

世界那么大，问题那么多，维护和践行多边主义才是解决问题的出路。作为联合国创始成员国和安理会常任理事国，中国始终是维护多边主义的重要力量。中国加入几乎所有政府间国际组织，加入600多项国际公约，是联合国第二大会费国和维和摊款国。

赞比亚前外长弗农·姆旺加表示，支持恢复中华人民共和国在联合国的合法席位，是他担任赞比亚常驻联合国代表时参与过的最重要的国际大事。历史已经证明这是十分正确的决定，中国在国际舞台上发挥着重要作用。

2015年9月，习近平主席在出席第七十届联合国大会一般性辩论并发表重要讲话时郑重宣布，设立中国—联合国和平与发展基金。"维和能力建设项目"培训3000多人次维和军警，"快速反应体系项目"支持联合国21项斡旋行动，"阿富汗青少年难民谋生能力项目"使2000多名难民受益……设立以来，基金支持130多个项目，覆盖100多个国家，充分展示中国以实际行动支持联合国事业。

去年底，全球气候治理迈出重要一步，联合国气候变化迪拜大会完成应对气候变化《巴黎协定》生效以来首次全球盘点。中方同主席国及各方密切协调，就谈判关键问题提供解决方案，推动各方聚同化异，发挥至关重要的引领作用。全程关注大会的阿联酋国际问题专家纳吉拉·阿扎鲁尼表示，中国支持阿联酋发挥主席国作用，重视与各方进行对话沟通，是推动大会取得成功的重要力量。

坚持共商共建共享，才能让全球治理行稳致远。在深海、极地、外空、网络和数字、人工智能等全球治理新疆域，中国始终坚持多边主义，引领各方不断寻求最大公约数、扩大合作面，以更高效能的全球治理促进人类社会发展进步。

联合国秘书长古特雷斯表示，中国是多边主义的重要支柱，是多边机构的坚定支持者，在塑造一个更加和平的国际秩序方面发挥至关重要的作用。

顺势而为，推动全球南方发展振兴

农业在乌干达国计民生中发挥着重要作用，但当地农户长期深受土壤退化问题困扰。从 2020 年 7 月开始，在全球发展和南南合作基金支持下，中方与联合国合作在乌实施"提升可持续土壤管理能力"项目。

提供设备、建立数据库、示范新技术、开发在线课程，项目多措并举，持续提升当地农户的土壤管理能力。今年9月，来华参加2024年中非合作论坛北京峰会的乌干达农业、牧业与渔业部长弗兰克·托姆韦巴泽表示，"在多年的合作中，我们看到了中国高效解决问题的能力"。

作为全球南方当然一员，中国始终是推动全球南方发展振兴的中坚力量。全球治理体系的走向，关乎全球南方国家发展空间，中国坚定不移推动扩大全球南方国家在全球治理中的发言权和代表性。

当地时间9月25日，"全球发展倡议支持全球南方——中国在行动"主题发布活动，为支持全球南方共同发展凝聚共识。在联合国人权理事会第五十七届会议上，中国携手全球南方国家共同反对单边制裁，推动建立公正合理的国际人权治理体系。9月中旬举行的第十一届北京香山论坛，专门为全球南方国家阐述自身安全理念搭建舞台。2024金砖国家新工业革命伙伴关系论坛不久前在福建举行，15国联合发布《新型工业化国际合作倡议》，金砖合作对全球南方联合自强的带动作用不断显现。

坦桑尼亚—中国友好促进会秘书长约瑟夫·卡哈马说："作为全球南方的一员，中国的力量让其他全球南方国家的声音得到更好倾听。"

世界百年未有之大变局加速演进，全球南方是国际秩序变革的关键力量。顺应历史大势，中国携手各方共同点亮全球治理的"南方时刻"：成功举办2024年中非合作论坛北京峰会，举办中阿合作论坛第十届部长级会议，全面启动上海合作组织轮值主席国工作，支持金砖合作在历史性扩员后进一步加强，支持巴西、秘鲁分别举办二十国集团峰会、亚太经合组织领导人非正式会议……

吉尔吉斯斯坦前驻华大使巴克特古洛娃表示，中国愿意推动全球治理不断完善、全球发展不断进步，正引领国际社会为世界和平、安全与稳定共同努力，携手推动构建人类命运共同体。

（本报记者肖新新、任皓宇、李强参与采写）

（本报记者 胡泽曦 龚鸣 《人民日报》2024年10月08日第01版）

150 多个国家、30 多个国际组织共同参与
高质量共建"一带一路"扎实推进

9月20日,一列中欧班列缓缓驶出陕西西安国际港站。班列满载汽车配件、家具家电、太阳能光伏产品等,由新疆维吾尔自治区霍尔果斯口岸出境,经哈萨克斯坦、阿塞拜疆、格鲁吉亚、保加利亚、塞尔维亚、匈牙利、斯洛伐克、捷克最终到达德国曼海姆,全程1.1万多公里。这是"跨里海国际运输路线"国际协会15家成员单位首次在中国组织联合发车,是高质量共建"一带一路"的生动缩影。

2013年,习近平主席开创性提出共建"一带一路"倡议,为世界提供了一项充满东方智慧的共同繁荣发展的方案。10多年来,共建"一带一路"合作从亚欧大陆延伸到非洲和拉美,150多个国家、30多个国际组织签署共建"一带一路"合作文件。中国与各方携手,推动共建"一带一路"落地生根、蓬勃发展,共同绘就联结世界、美美与共的壮阔画卷。

一条条"友谊路",促进"大流通"

从位于中老边境的老挝磨丁站出发,乘中老铁路列车向南约2小时,就能抵达老挝旅游胜地万荣。

班雅开的民宿就在湄公河边,质朴的传统木屋,窗外便是潺潺流水。"中老铁路自2021年开通以后,万象、万荣、琅勃拉邦等城市之间的旅行时间大大缩短,现在游客越来越多。"班雅说。

诺伊在万荣一处景点经营摊铺已10多年。"这几年,游客数量一直在上升,我的生意也越来越好。"诺伊说。

今年前6个月,万荣接待了约60万名国际游客,其中超过10万名来自中国。今年6月,老挝政府决定将万荣升级为国家级旅游区。

中老铁路人畅其行、货畅其流,带动了沿线就业,促进了中国与老挝以及其他东盟国家人员、货物往来,成为中老人民的发展路、幸福路、友谊路。

开通近3年来,中老铁路累计开行旅客列车5.6万列、发送旅客超过3800万人次;跨境货物品类由初期的橡胶、化肥、百货等10多种扩展至电子、光伏、通信、汽车等2900多种,进出口货物突破 1000 万吨，带动老挝万象赛色塔综合开发区、磨丁经济特区等经济园区发展，逐渐形成"一条线"带动"一大片"的发展效应。"中老铁路＋中欧班列""澜湄快线＋跨境电商""中老铁路＋西部陆海新通道班列"，国际运输模式不断创新。

习近平主席在出席第三届"一带一路"国际合作高峰论坛开幕式并发表主旨演讲时指出："10 年来，我们致力于构建以经济走廊为引领，以大通道和信息高速公路为骨架，以铁路、公路、机场、港口、管网为依托，涵盖陆、海、天、网的全球互联互通网络，有效促进了各国商品、资金、技术、人员的大流通，推动绵亘千年的古丝绸之路在新时代焕发新活力。"

高质量共建"一带一路"，让奔行在铁路上的列车、驰骋在公路上的汽车、联通各国的航班、劈波斩浪的货轮、快捷方便的电商，成为新时代国际贸易的驼铃、帆影，为世界经济增长注入新动能。

一株株"幸福草"，结出"致富果"

距离斐济首都机场不远的公路旁，便是雷瓦残疾人协会的办公地点。协会成员有条不紊地将白色菌袋码入土坑中，用树枝和大片椰树叶支起"围墙"，为菌袋起到遮阴保湿的效果。

"种菇不用施肥、不打农药、不需要太多劳力，很适合我们。"雷瓦残疾人协会主席莉蒂娅说。每隔一段时间，莉蒂娅就会将中国援斐济菌草技术示范中心赠送的菌袋及有关原材料分发给协会成员。种出的菌草平菇由协会统一收集，并统一售卖给农贸市场和酒店。有了当地政府和示范中心的支持，协会卖菇有了市场保障，收益更是翻倍。

"现在我也是种菇'专家'了！"莉蒂娅开心地对中国菌草专家说，"感谢菌草技术赋予我们的机会。我不仅能够挣钱养家，还能带大家一起种菇，为社区作贡献。"

高质量共建"一带一路"注重以人为本，既有宏大擘画，也有细处关照。"我们在菌草技术援外项目的设计上，始终注重以人为本、以民为本，始终关注最需要的人群。"国家菌草工程技术研究中心副主任林冬梅说。

如今，菌草技术被推广至100多个国家和地区。"一看就懂、一学就会、一做就成"的"幸福草"，在世界各地开出"幸福花"，结出"致富果"，为许多没有工作、没有经济来源的农民带去希望，为农村和偏远地区提供了新的食品和营养来源。莱索托民众专门创作了一首歌颂菌草的民歌："有人说，她是野草；有人说，她是生命；她，是食物，也是药物；她，是希望之物……"

"我们计划进一步帮助当地完善菌草产业链、以援促投，利用菌草抗逆性推动荒漠化土地和盐碱地的开发利用，让菌草'技术包'更加丰富。"林冬梅介绍。

以菌草为代表的"小而美"项目，是高质量共建"一带一路"的真实写照。从传授中国杂交水稻技术助力多国提高粮食安全水平，到修建数千口"幸福井"让数百万人吃上"放心水"……一大批标志性项目和惠民生的"小而美"项目落地生根，帮助许多国家铺就可持续发展之路。

一堂堂"技术课"，架设"民心桥"

"这是我第一辆汽车的气缸盖。"在由祖父的旧车库改造而成的直播间内，哈萨克斯坦青年阿纳瑟尔·梅拉舍夫向观众展示手中的部件。

梅拉舍夫是哈萨克斯坦鲁班工坊的负责人。2023年12月9日，哈萨克斯坦迎来第一家鲁班工坊的试运行，由天津职业大学与东哈萨克斯坦技术大学共同承建。不到一年时间，工坊已经成了中哈教育合作的典范。

"这里在拆卸和组装电动汽车用的电动机，这是在研究蓄电池装置，这边在调整车轮定位装置……"对于工坊的各个点位和设备，梅拉舍夫如数家珍。工坊配备了先进的教学设备和信息化教学资源，为当地年轻人提供了学习先进汽车技术的机会，也为哈萨克斯坦交通运输业提供了重要的人才支持。

在智能网联汽车实训区内，学生们通过电脑控制小车行驶，学习现代化智能交通管理和车载智能网联技术。法蒂玛·巴吉尔加诺娃对智能驾驶兴趣浓厚，积极研究驾驶辅助系统。"在鲁班工坊学到了很多实用技能，为我毕业后去中国深造打下了基础。"巴吉尔加诺娃说。

"鲁班工坊项目正在改变当地年轻人的命运。"东哈萨克斯坦技术大学校长绍列·拉赫梅图莉娜表示。今年7月，来自东哈萨克斯坦技术大学的15名教师来到天津，参加为期两周的第二期哈萨克斯坦鲁班工坊师资培训班。

目前，20多个国家的30多家鲁班工坊开设了50多个专业，从人工智能、电动汽车等先进制造技术专业，到中医药、中餐烹饪等职业教育，尽可能满足当地对技能的不同需求。

民相亲在于心相通。精彩纷呈的文化年、艺术节、博览会、展览会，独具特色的鲁班工坊、"丝路一家亲"、"光明行"等人文交流项目，不断深化的民间组织、智库、媒体、青年交流，奏响了新时代的丝路乐章。

习近平主席指出："共建'一带一路'注重的是众人拾柴火焰高、互帮互助走得远，崇尚的是自己过得好、也让别人过得好，

奋进强国路

践行的是互联互通、互利互惠，谋求的是共同发展、合作共赢。"

实践证明，共建"一带一路"站在了历史正确一边，符合时代进步的逻辑，走的是人间正道。在各方的共同努力下，高质量共建"一带一路"必将行稳致远。

（本报记者孙广勇、李强参与采写）

（本报记者 吴乐珺 包晗 《人民日报》2024年10月09日第01版）